郵歷香江

何明新　吳貴龍　編著

商務印書館

郵歷香江

編　　著：何明新　吳貴龍
責任編輯：蔡柷音
封面設計：Alex Ng
書名題字：黃錦華
出　　版：商務印書館（香港）有限公司
　　　　　香港筲箕灣耀興道 3 號東匯廣場 8 樓
　　　　　http://www.commercialpress.com.hk
發　　行：香港聯合書刊物流有限公司
　　　　　香港新界大埔汀麗路 36 號中華商務印刷大廈 3 字樓
印　　刷：中華商務彩色印刷有限公司
　　　　　香港新界大埔汀麗路 36 號中華商務印刷大廈 14 字樓
版　　次：2016 年 6 月第 1 版第 1 次印刷
　　　　　© 2016 商務印書館（香港）有限公司
　　　　　ISBN 978 962 07 5671 9
　　　　　Printed in Hong Kong

目錄

前　言

彈指之間，香港已開埠 170 多年了。時移世易，物換星移，香港生活步伐急速，大家唯恐落後於人，乳臭未乾的稚子都擔心輸在起跑線上，沒有人願意停下腳步看看四周的良辰美景。其實人生是一長跑，輸輸贏贏本是平常事。

幸好，這百多年間很多的重要事情都一一記錄在郵票、明信片和古老相片中，很多有心人將之珍藏，保留至今，並公諸同好，讓我們可透過舊物回顧過去。在殖民統治時期，收藏珍貴藏品只是洋人和極少數高級華人的專利和玩意，一般華人無論財力、知識和能力都不及，更甚是被拒諸於門外，不准許參與，更遑論擁有了。隨着一般華人地位提高，他們無論在知識和各種能力都與洋人不遑多讓，有些華人菁英更比洋人優勝，此消彼長下，華人在各領域上已逐漸取代洋人，在這片小小的前殖民地當家作主了。除了權力提升外，過往在洋人手中的珍貴郵品和舊相片等大都被華人收購，成為個人珍貴藏品。

為了讓大家能夠透過珍貴的郵品和舊物收藏等，走進時光隧道，嘗試穿梭於過去 170 多年的時空，感受一下那些年的人和事，同時也窺看當中一些重要而值得細看的歷史片段，本書從郵政歷史開始，介紹香港郵政的獨特發展。可知道很多時候本地的郵政發展與其他英聯邦國家不同，在以往的事跡中，有多次更成為世界第一，顯示其獨特性。

現在，請大家坐好，放鬆，泡一杯好茶或咖啡，一起進入這豐富的郵票世界。從鴉片戰爭；香港的第一套郵票；不同時期的英國國王，包括：有認真工作、愛民如子的；有能力不高，但和藹可親的；有浪漫不羈、不愛江山愛美人的，及至現今仍在位的伊利沙伯二世女王；日本佔領時三年零八個月的黑暗歲月，以至香港回歸祖國等重大的歷史事件，郵票郵品都"參與其中"。另外，還有標示香港各方面發展的郵票郵品，如：香港大學的始創；香港開埠 50 年、100 年、150 年和 170 年的紀念票等。

回望過去，展望將來，希望大家能博古知今，將來慶祝香港開埠 180 年、200 年時，再和大家在書中見面！

第一部

香港郵蹤

香港郵政簡史

1841 年，是重要的一年，1 月香港被英軍佔領，同年香港的郵政服務也正式開展，而正式的香港郵票則要到 1862 年才面世。自始香港和郵票便一起成長，一同進步，走過不平凡的歲月，當中有悲有喜，有苦有樂；有值得懷念的日子，亦有不堪回首的往事。凡此種種，都一一記錄在香港的郵票郵品上。

香港的郵政史，包括被英國人強佔的殖民地時代、被日本人侵略及統治的三年零八個月黑暗年代、戰後中國錯失收回香港機會，而再次被英國人統治的殖民日子，最後到回歸祖國的光輝歲月。

遠在香港未割讓時

中國早自秦漢已與外通商，而位於中國南海沿岸的香港很早已負起這重任，成為一個與外國人通商及讓他們作短暫停留的地方。約在 1550 年，葡萄牙人已東來，於澳門建立商業基地。而英國人則在 1770 年左右與中國正式通商，早期中國商業中心主要為廣州，而香港只作為一個提供水及食物的中途補給站。

始於十七、十八世紀，英人的東印度公司 (British East India Company) 為主要及專門與中國通商的 "官方" 公司，但當時其生意利潤不高，因中國人不甚喜歡英人的貨品，而英人則很喜歡中國的瓷器、絲織品及茶葉等，貿易逆差很大。後來英人發覺將鴉片出口到中國是一個很好的商機，成本低而利潤高，便大規模向中國輸出這種茶毒成千上萬中國人的毒品。鴉片令大量白銀（當時的貨幣）流出，更嚴重傷害中國人的健康。

清政府有鑒於此，便與英人商討及禁止輸入鴉片，但由於清政府的無能、官員的貪腐，加上英人的貪婪及無良，英人表面同意停止輸出鴉片到中國，但實際上仍繼續大量輸出，並主要利用廣州作為交易場所。

1838 年 11 月，清政府派林則徐到廣州禁煙，林則徐軍隊於 1839 年 3 月到達廣州便限令外國商人交出鴉片。英國駐華商業總監義律 (Charles Eillot) 最後屈服，着英商交出所有鴉片共 20,283 箱。義律被逐離廣州，他轉到澳門

暫避風頭，但那時的葡國政府為了避免觸怒清政府，便把義律驅逐出澳門，義律只好逃亡到香港，暫避於東印度公司的船上。林則徐則於南沙虎門銷煙，用白灰把鴉片中和及沖出大海。之後的林維喜事件及下禁令中斷對外貿易，為第一次鴉片戰爭埋下藥引，並於 1840 年 6 月正式開戰。

英人的東征艦隊於 1840 年中到達香港及北上與中國軍隊交戰，清政府腐敗及朝中很多貪腐軟弱的大臣都不贊成戰爭，不支持林則徐與英人交戰，更將他北調，以討好英人。當時由琦善負責與英國議和，英方條件苛刻，義律發軍隊攻打，琦善再跟義律談判，但英方要求割讓香港島，最後英方單方面公佈《穿鼻條約》，並於 1841 年 1 月 26 日強佔香港島。首面英國國旗在英軍登陸的上環水坑口街 (Possession Street，意思為佔領街) 一帶正式升起，英軍並在該處建立軍營。後來，軍營遷出，逐漸形成平民夜市，並稱為上環大笪地。

1841 年正是英國人在香港本土開始使用郵政服務的時候，當時香港仍沿用 "郵戳" 而非郵票，因郵票尚未普遍使用及傳入，而那時處理的郵務主要是英人的商業信件及家書，華人多數靠朋友或同鄉帶運書信，不用郵寄。英人的商業信件及家書主要用輪船運送，由香港寄往英國、澳門及廣州等地。現存最早期的香港郵政信件是 1835 年郵寄的。

▲ 水坑口街。

▲ 大笪地舊址，現已改為荷李活道公園。

香港郵政服務的開展

香港最早的郵政服務可追溯到 1841 年 8 月英國駐中國貿易公使莊士端 (Johnston) 於香港成立初期的郵政服務,以方便英國遠征軍隊及商人。從那時起所有信件都經香港以便作中央處理。

1842 年 4 月羅拔愛德華 (Robert Edwards) 正式被任命為香港郵政主管,他雖然不是郵政署署長,但是與海事局局長一同負責處理所有香港及英國遠征軍的郵件,那時所有郵件均使用水路。香港首條郵政法例亦在 1842 年 4 月 15 日誕生。

因當時香港郵政是屬於英國皇家郵政 (Royal Mail) 的一部分,所以首任香港郵政署署長費士賓 (T. G. Fitzgibbon) 是英國郵政局局長所委任。費士賓於 1841 年 8 月 25 日正式接掌香港郵政,跟首間民用郵局的成立日相同。

那時的郵件是從海路不定時送入及送出。直至 1846 年 9 月才有固定船期,那時鐵行輪船公司 (Peninsular and Oriental Steam Navigation Company, London, P & O) 正式定期安排航線行走歐洲與香港,還會途經新加坡及印度等地。其後,鐵行輪船亦行走香港至中國內地。

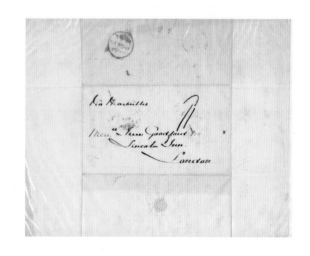

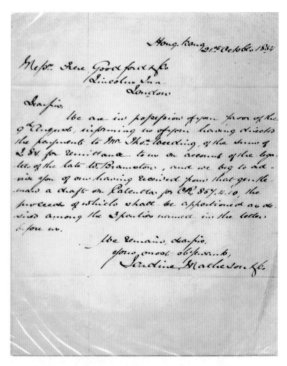

▲ 一封 1854 年渣甸洋行寄往倫敦的信。

首次發行香港郵票

　　香港政府於 1860 年 5 月 1 日正式從英國政府手中接管香港及各商埠（廣州、黃埔、上海、廈門、福州及寧波）的郵政服務。

　　1860 年 8 月，時任香港總督羅便臣（Hercules Robinson）向英國政府提出在香港郵件使用郵票，並建議使用英國郵票，但英國郵政則提出香港應與其它英屬地一樣，發行自己式樣的郵票。香港政府便於 1862 年 11 月 29 日正式宣佈香港發行自己的郵票，以下七款通用郵票的圖案全為置於郵票中央的手繪維多利亞女王頭像，面值分別為：

| 式先時 | 八先時 | 十二先時 | 十八先時 | 二十四先時 | 四十八先時 | 九十六先時 |

（先時＝仙）

（馮緯恆藏品）

　　當時的人很抗拒在寄信前要先付費（即付錢買郵票貼在信上），因當時的習慣是寄信由收信人付費的，但在法例已定及嚴厲執行後，這做法很快便被迫"習慣"了。1879 年香港正式在街上放置柱型郵筒，在郵筒上漆上和英國一樣的紅色，俗稱"紅郵筒"，方便市民寄信及郵局收信。第一個郵筒放置於上環文咸街，另一個則放於西環西區警署，並開始了寄信不需要到郵政局的先河。直至 1899 年，香港才有第一個中國人當郵差。

　　1898 年 6 月 30 日英國人正式"租借"九龍半島界限街以北、深圳河以南的地方及附近 200 多個離島，為期 99 年（直至 1997 年 6 月 30 日）。那時新界並未設立任何郵局，所有郵政服務均由當時的警署負責，直至十九世紀初為止。1923 年，新界街道上才出現第一個郵筒，地點為大埔。

商埠郵票

　　由 1917 年 1 月 1 日至 1930 年 10 月 30
日，英國在中國內地各商埠開設的郵局，如上
海、天津、漢口等均使用香港郵票，但在郵票
上加蓋"CHINA"字樣，以資識別。這些便稱
為商埠郵票。

　　香港最早的空郵則於 1932 年 11 月 30 日開
始，首航由香港到越南西貢（現稱胡志明市），
當時西貢為法國殖民地，可於當地直飛法國馬
賽。而香港往美國的空郵則於 1937 年開始，經
由馬尼拉、關島、夏威夷到三藩市。

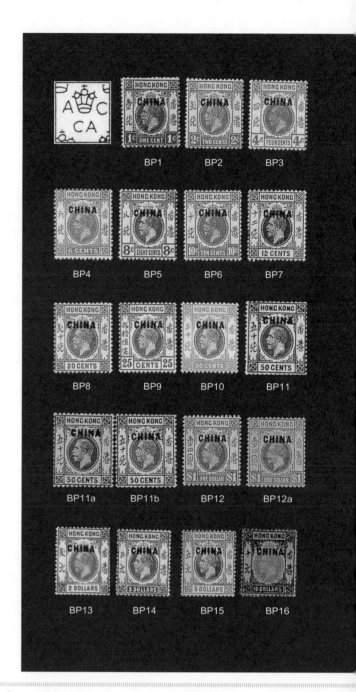

▲ 商埠郵票。

日佔時的郵政混亂

香港於 1941 年聖誕日被日本人佔領，開始香港三年零八個月的黑暗時期。所有在郵政局工作的英國人都被關入集中營，而郵政司溫鐘士（Edward Irvine Wynne Jones）則被囚於赤柱集中營（後來他在集中營手繪的郵票圖案草稿，在戰後被採納成為戰後香港重光的紀念郵票），只有少量華人仍留下替"日佔郵局"工作。香港在日人佔領前寄出的最後一批航空郵件是於 1941 年 12 月 8 日寄出的，其它均"滯留"在郵政局，直至 1945 年 8 月香港重光後才被寄出，成為一批有名及珍貴的"日佔滯留"郵件。

在日本人佔領香港期間，寄信一律要改用日本郵票，有些加蓋香港等字，有些並沒有加蓋，而當時是戰爭時期，所有信件均需"檢驗"才可寄出或寄入，所以普遍只有在很必要時才寄信。另外，由於日本佔領地政府將香港各地區改成日本名稱，例如街道名、地名、著名建築物的名稱等，令郵遞服務相當混亂，實際上當時香港的郵政業務是停滯不前的。

日本人於 1945 年 8 月 15 日投降，郵政服務立即恢復，但當時沒有可用的郵票，因存放於郵政局的郵票大多不翼而飛，臨時英國軍政府只好在信件上蓋一個"Hong Kong / Postage Paid 1945"的方印代替郵票，直至 1945 年年尾才從新使用香港郵票。

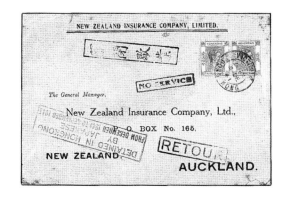

▲ "日佔滯留"郵件。留意左下角反轉的長方形印章，標示 1941 年 12 月至 1945 年 9 月（此信）被日人扣留在港 (Detained in Hong Kong by Japanese / From December 1941 to September 1945)。

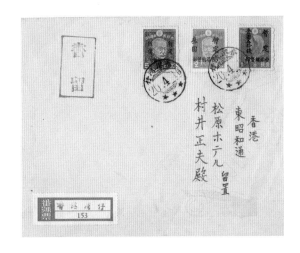

▲ 日佔時期的本地郵件。信上的日本郵票上印上"香港總督部"等字，地址寫東昭和通，即如今的德輔道中。"書留"即掛號的意思。

日佔後的發展

1945 年至 1949 年國共內戰期間，香港郵政並沒有任何發展，因所有人包括政府都忙於戰後一般的民生重建。

1949 年，中華人民共和國成立後，內地郵件主要用火車運送往返香港，但直至 1954 年才有直通火車將郵件直接送到廣州，而香港亦從那時起成為內地與台灣郵件運送的中轉站及必經站，直至 2008 年 12 月 15 日實行"三通"為止。

郵政普及化

其實，由開埠至戰後，香港的郵政服務主要為商業用途，使用者主要是外國人及"高級"華人知識分子，一般普羅大眾使用郵政服務是絕無僅有的，其中原因包括那些來自中國大陸的移民大多不太識字，而實際上當時寄信亦是相當昂貴的。直至五、六十年代後期開始，在街頭巷尾有了寫信服務，而華人普遍教育水準提高後，一般華人使用郵政服務才變得普遍起來。因使用量多，郵費普遍下降，香港的郵政服務才慢慢普及。

而郵票式樣及設計方面，由開埠到日佔時期，"普通票"（即通用郵票）主要是以英王頭像為主體，而紀念票一般是跟隨英聯邦發行同一式樣的，只是地名各異。而較有香港特色的紀念票有 1941 年發行的香港開埠百周年紀念票，該六個紀念郵票均以香港地區景色為主。

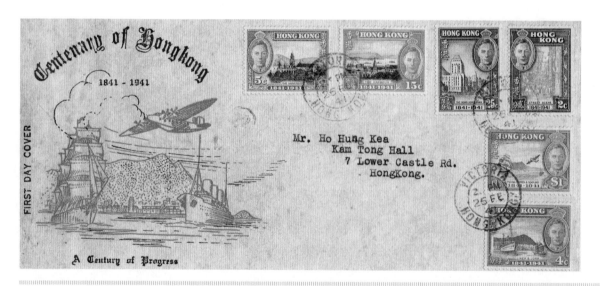

▲ 1941 年發行的香港開埠百周年郵票首日封。此首日封寄往中環半山衛城道七號的甘棠第（Kam Tong Hall）。甘棠第原屬何東家族何甘棠擁有，後轉售予耶穌基督後期聖徒教會。後來香港政府以合理價錢購得，將之活化為孫中山博物館。現為香港法定古蹟。

重光後的獨特郵票

重光後各國均發行不同郵票以資紀念，香港則發行一套分別為壹圓及三角富有中國特色的紀念郵票，圖案為郵政司溫鐘士和工務局高級繪圖官鍾惠霖（William E. Jones）在赤柱集中營被囚時手繪的"鳳鳥復興，漢英大和"圖。後因"大和"兩字有日本意思，故改為"鳳鳥復興，漢英昇平"，意謂火鳳凰劫後重生。

但其他紀念郵票方面，香港的版本仍停留與戰前差不多，需與英聯邦同時發行相關主題的郵票，變化不大，比較有香港及中國特色的主要是於 1967 年 1 月 17 日開始發行的生肖系列郵票（當年為農曆羊年），及 1968 年 4 月 24 日發行的香港海上交通工具郵票。

香港的郵政服務亦隨着香港經濟起飛而長速發展起來，在國內最艱難時期，香港郵政亦替香港人寄上無數大大小小的郵包給國內的親友同胞，包括食油、衣服及藥品等，令生活困苦的同胞得到接濟，暫解燃眉之急。1978 年改革開放後，這些郵包匯款便逐漸減少，步入歷史，香港郵政亦成功完成於該時代的獨特歷史使命。

▲ 郵政司溫鐘士在赤柱集中營手繪的"鳳鳥復興、漢英大和"重光（勝利和平）紀念首日封郵票初稿。

▲ 改為"鳳鳥復興，漢英昇平"的郵票貼在重光首日封上。

回歸過渡期的郵票

踏入 1984 年，中英開始就香港前途問題談判，郵政發展亦隨香港經濟時上時落，直至中英談判落實香港於 1997 年回歸後，香港前途才變得明朗，經濟發展亦恢復動力，社會各項發展包括郵政亦踏上新里程。

香港郵政在九十年代開始改變經營模式，以營運基金模式運作，財政自主，自負盈虧，可以較商業的手法經營，但現仍屬政府的商務及經濟發展局部門旗下，可發展為一個與社會脈搏同步的部門。

其後，在發展紀念票的設計、樣式及有關的內容方面，明顯已加入很多香港特色或元素，例如香港歷史建築物、端午節、香港花卉、香港鳥類、香港林木等等。而與英國有關的內容大幅減少，只剩下英國王太后各時代之生活剪影、英女王六秩壽辰、英女王登基及加冕四十周年為主題的紀念郵票。

在通用郵票方面，一直沿用的英王頭像便改為以香港風貌為主，首套用於香港回歸祖國過渡期的郵票是維多利亞港日夜景郵票，於 1997 年 1 月 26 日發行，而所有英王頭像郵票及有英國皇室標記的郵票，亦於 1997 年 7 月 1 日起失效及停止使用。

▲ 英王頭像郵票　　▲ 回歸過渡期的維港夜景郵票

左圖中版票號碼原為 T0084428，但 T 字版已被 1994 年發行的皇家警察 150 周年紀念郵票選用，所以再用 U 版字母加黑色方格遮蓋原 T 字母。右圖為皇家警察 150 周年紀念郵票，帶 999 號碼。

G0002984

▲ 伊利沙伯二世 1.8 元面值版票號碼帶 G 字母，於 1992 年 11 月至 12 月間發行，目前只發現兩版全版版票紀錄。（胡嘉麟藏品）

回歸後的香港特色郵票

郵政發展過程中，由於傳真、電郵的普及，信件只作為有限的商業用途，但由於有法例保障，香港郵政仍能保持其獨家的郵政服務。雖有部分業務被蠶食，但不致完全被吞沒。另一方面，香港郵政亦發展其他郵政有關業務，包括快遞、郵購禮品及住戶通郵商業宣傳等郵寄服務，以增加收入。

在郵票發展方面，回歸後已開始推出更有香港特色的郵票，例如香港歌星、香港十八區風景等。另一方面，亦發行一些與中國有關的郵票，包括神州風貌及中國成語故事小型張等。而在民族觀念上亦有突破，例如在 2006 年推出國父孫中山先生誕生 140 周年紀念郵票。

▲ 孫中山先生誕生 140 周年紀念郵票。

結語

　　香港在這短短一百七十多年歷史,恰巧與香港郵政一同誕生,由無到有,由小漁農村到國際知名的大都會,華洋共處;由殖民地到港人治港,回歸祖國,帶領周邊各地發展;由無根一族、借來的地方到香港是我家,都一一從各種郵票郵品中展現出來,而各個時期的特色亦告訴我們該年代的故事。

第 28 任港督彭定康 (Christopher Francis Patten),1992 ▶
年 7 月 9 日委任為末代港督,1997 年 6 月 30 日見證香港主權移交。

▼ 1997 年 6 月 30 日回歸前一天的紀念封。

▲ 1997 年 7 月 1 日回歸日的首日封。

第一部 第二章

早期郵政局面貌

　　1841 年，香港是個漁民及農夫棲息的寧謐小島，而香港的郵政服務亦於同年開展，當時是應英國駐軍的要求創設的，而首間民用郵局亦於 1841 年 8 月 25 日成立，費士賓（T. G. Fitzgibbon）被委任為首任郵政署長。

第一代郵政總局（1841-1846）

　　可是當時仍沒有一所正式的建築物作為郵政服務辦事處，直至 1841 年 11 月 12 日，第一所正式的郵政局才落成，從下圖可見首間郵政局坐落於中環花園道的聖約翰座堂側。那郵局是一間簡陋的房屋，郵局外插上英國旗。當時經費很少，只能僱用一個郵務員助理，而寄來香港的郵件，會先經印度，落腳澳門，再轉運來港，相當轉折。

▲ 圖右山上的小屋印有 POST OFFICE HONG KONG 字樣，標誌着香港郵政服務的開始。

1840 年 6 月，中英鴉片戰爭正式爆發，英軍於 1841 年 1 月 26 日（清宣宗道光二十一年）佔領香港。1842 年 8 月 29 日，清政府被迫與英國簽訂了《南京條約》，將香港島割讓與英國，以下手蓋郵戳信封除見證了鴉片戰爭後英國在香港創辦郵政服務外，亦為開埠以來的紀錄中，日期最早之香港郵戳實寄封，為存世孤品，堪稱"香港第一古封"，現為香港郵政署文物檔案部藏品。

香港開埠 50 周年紀念郵票上的黑色加蓋文字 "1841 Hong Kong Jubilee 1891" 便是以此封作為最早時間上限的依據。此封於 1841 年自印度加爾各答寄出，收件人為停泊在澳門或廣州一帶水域的英國皇家軍艦（H. M. S. Cutter Louisa）上的 R. Owen 先生，收信日期介乎 1841 年 10 月（香港郵政開始運作）至 12 月之間。

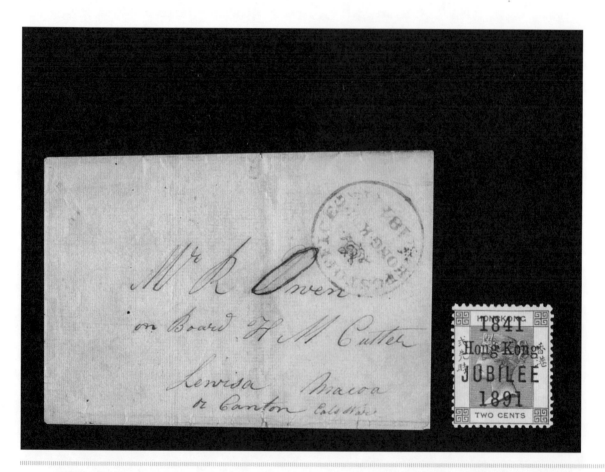

▲ 香港第一古封。

▲ 香港開埠 50 周年紀念郵票。面值二仙的維多利亞女王像普通郵票，將之加蓋成為紀念郵票。

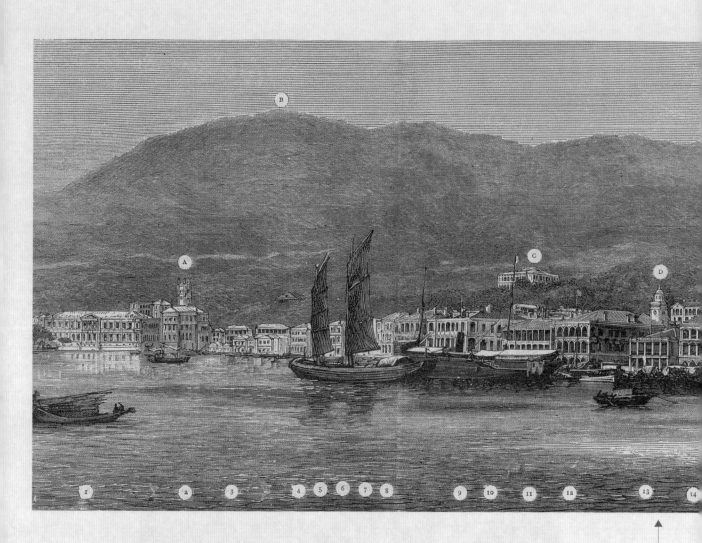

D 畢打街鐘樓（Clock Tower）

建於 1862 年，80 呎高，為當時香港最高的建築物，為方便登岸的外來旅客調校香港時間，鐘面可透光，晚上可作照明之用，引導船隻駛入碼頭。鐘樓還可提供火警警報，警鐘響一下為東區（灣仔）火警，響兩下為中環火警，響三下則為西環火警。至 1915 年因擴闊皇后大道路面而被拆卸。鐘樓右下方為第二代郵政局所在，為發售香港第一枚郵票的所在地。

1885 年，中區海旁景色全景畫。海旁馬路為海旁中街，於 20 世紀初易名為德輔道中。

圖中作了 A-L（欠 J）及 1-22 的標示，以表示當時的重點建築物、公司、山嶺或公園等。

王登基 50 周年金禧紀念，帆船後方及其左右兩邊的屋宇連同舊街市拆卸後，在
街市，街市左右兩旁也開闢了域多利皇后街（Queen Victoria Street）及租庇利街

中區海旁景色全景畫

18 維多利亞酒店（Victoria Hotel）

坐落於利源西街（左方）與砵甸乍街（右方）之間，二層高建築物的頂部印有牌匾 "VICTORIA HOTEL" 字樣，本書封面所載的香港開埠 50 周年首日封上收件人 Farmer 下塌的酒店地址便是該處。酒店右方為如今萬宜大廈與萬宜里（舊稱中國街）現址。

20 为庆祝 1887 年維多利亞女
1895 年建立新一代的中環
（Jubilee Street）。

A	聖約翰教堂 St. John's Cathedral（Protestant）	1	第一代香港大會堂 City Hall
B	歌賦山 Mount Gough（1,575 呎）	2	第一代匯豐銀行（拆卸中）Hongkong and Shanghai Bank
C	總督府 Government House	3	襌臣洋行 Siemssen and Co.（1848 年）
D	畢打街鐘樓 Clock Tower	4	沙遜洋行 David Sassoon, Sons, and Co.（1841 年）
E	聖保羅書院花園 College Gardens	5	些剌士洋行 Schellhass and Co.（1860 年）
F	雅賓利宿舍（政府官員宿舍）Albany	6	洛士利洋行 W. R. Loxley and Co.
G	爐峰峽 Victoria Gap（1,500 呎）	7	旗昌洋行 Russell and Co.
H	西高山 High West（1,774 呎）	8	義記洋行 Holliday, Wise, and Co.（1841 年）
I	聖約瑟書院 St. Joseph's College	9	德國美最時洋行 Melchers and Co.（1866 年）
K	羅馬天主教堂 Roman Catholic Cathedral	10	香港大酒店 Hongkong Hotel
L	扯旗山 Victoria Peak（1,825 呎）	11	怡和洋行 Jardine, Matheson, and Co.（1841 年）

第二代郵政總局（1846-1911）

　　約1915年，圖中中間兩層高的建築物是香港第二代郵政總局（General Post Office, GPO）。舊址位置是中環畢打街與皇后大道中交界。其面向皇后大道中的一面是庫務署，該建築物連同右方的基督教福音堂在1924年被改建成第一代華人行及畢打行，圖左有"英美煙草"招牌的樓宇亦於1924年改建為亞細亞行，現為中匯大廈。

▲　圖中左上為2012年發行的香港郵票發行150周年紀念郵票。

第三代郵政總局（1911-1976）

　　圖中四層高建築物為於 1911 年落成的第三代郵政總局，位置是干諾道中。此相片約於 1930 年拍攝，其左方的畢打街街口有一座維多利亞女王三子干諾公爵的銅像。郵政總局的右邊是 1924 年落成的鐵行輪船公司大廈。前方為卜公碼頭，現重置於赤柱碼頭，岸邊泊有來往港九以及碇泊於維港外的大洋船和電船仔（俗稱"嘩啦嘩啦"）。

　　大樓屬英國文藝復興建築，樓高四層，設有平圓拱門。除主牆、廊柱和拱門以花崗岩砌成外，其他牆壁均以廣東紅磚和廈門磚建造。這幢設計獨特的維多利亞式建築，採用了該時期常見的"結構彩繪"風格興建。大樓有多個三角形屋頂和一個平屋頂，屋頂鋼架覆蓋主樓部分，並伸延至中庭。大樓的柚木主樓梯扶手和欄杆柱裝飾豐富，副樓梯則以花崗岩建造。第三代郵政總局大樓是香港首幢政府綜合大樓。郵政署辦事處主要設於大樓的地庫和地下，其他政府辦事處則設於一樓和二樓。大樓於 1911 年開始提供基本郵政服務，並於 1932 年開設郵票銷售櫃位，其後陸續推出多項郵政服務，包括匯票和郵政匯票、收寄掛號郵件和包裹，還有郵政信箱服務。這座大樓經歷數十年歲月，見盡香港滄桑變化。

上世紀七、八十年代香港經濟發展迅速，地產及建築業興旺，但社會普遍對歷史建築物缺乏保育意識。1976年為了興建地鐵，這座設計獨特的維多利亞式歷史建築物竟被拆卸，改建為有地鐵出口的商業大廈。如今舊郵政總局大樓在香港已消失四十年了，所以現時四十歲以下的香港人只能從舊照片、舊明信片去認識這座曾是香港重要地標的建築。

▲ ▶ 1911年第三代總局，郵局與街道均張燈結綵，除了慶祝喬治五世加冕紀念外，總局亦於該年年初落成。該相片被選用作1991年香港經典郵票系列第一輯小型張的圖片資料。

郵歷香江

POST OFFICE, HONGKONG

▲▶ 1928 年第三代總局。相片被選用作 1997 年
香港經典郵票系列第十輯小型張的圖片資料。
小型張上的郵票為英國管治香港所發行的最後
一枚郵票，只限當日使用。

上　由畢打街北望卜公碼頭，左方為第三代總局。圖中左下為
　　2014 年發行的郵歷香江紀念郵票。

下　由皇后行（今文華酒店）西望干諾道中，圖左上為第三代總
　　局。

右　香港郵政於 2014 年發行郵歷香江小型張，發行量 8.2 萬
　　張，設計以第三代總局大樓的建築特色為主題。

上　1948年，干諾道中海旁的第三代總局。

下　1970年，相片中央位置的第三代總局被大廈與填海區包圍。

右　由於郵歷香江小型張極受歡迎，於2015年香港舉辦的第31屆
　　國際郵票展覽中，再次加印4.2萬張，其不同之處是右上角加
　　印了2015年郵展標記。

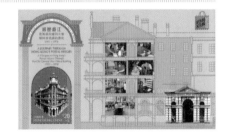

第四代郵政總局（1976 - 至今）

　　1976 年，第四代郵政總局落成，位於康樂
廣場，並一直服務至今。

▲ 香港開埠百年紀念首日封，銷郵政總局掛號戳印（G.P.O. HONG KONG）。兩枚信封的戳印內彎曲棒分兩種長度尺寸，顯示為兩種戳印。

開設各地區分局

　　香港島人口不斷增加，土地面積亦因填海得以增加。當時只有畢打街的第二代郵政總局，故開始有開設分局（Branch Offices）的考慮。其後開設了兩間分局，將郵政服務擴展至其他地區。第一間分局是位於梳士巴利道的九龍分局（1898年成立），第二間是位於摩利臣街的西區分局（後改為上環分局）（1898年成立）。前者在九龍區日益擴展，成為港九第二間重要的郵政局。之後，直到1914年才設立其它新分局，到了第二次世界大戰前，本港已共設立了16間分局。隨着本港社會發展一日千里，郵政服務亦飛躍向前，郵政分局紛紛開設以應付需求，至2016年已錄得一百二十五間。

　　1941年，正值香港開埠百年，郵政局推出第一套香港開埠百年紀念郵票首日封，而首日封上有全港郵局的郵戳和掛號標貼，為目前少數被發現的整組齊套信封系列。首日封由工務局高級繪圖主任鍾惠霖製作，以飛機、帆船和輪船為主圖案。整組系列上的總局及分局的郵戳和掛號標貼，展示了當時共有總局和11所分局，包括：(1) 香港總局、(2) 上環、(3) 西營盤、(4) 灣仔、(5) 赤柱、(6) 九龍分局、(7) 九龍城、(8) 九龍塘、(9) 油蔴地、(10) 深水埗、(11) 大埔、(12) 元朗。而長洲、西貢、沙頭角和大澳的分局則未有該封的印戳紀錄。

　　上文已詳細說明了四代郵政總局，以下會逐一介紹上述提到的11所分局。

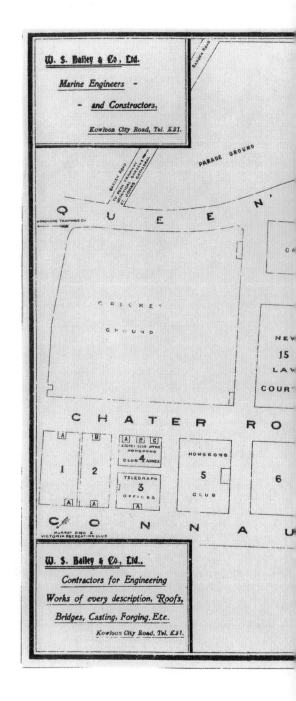

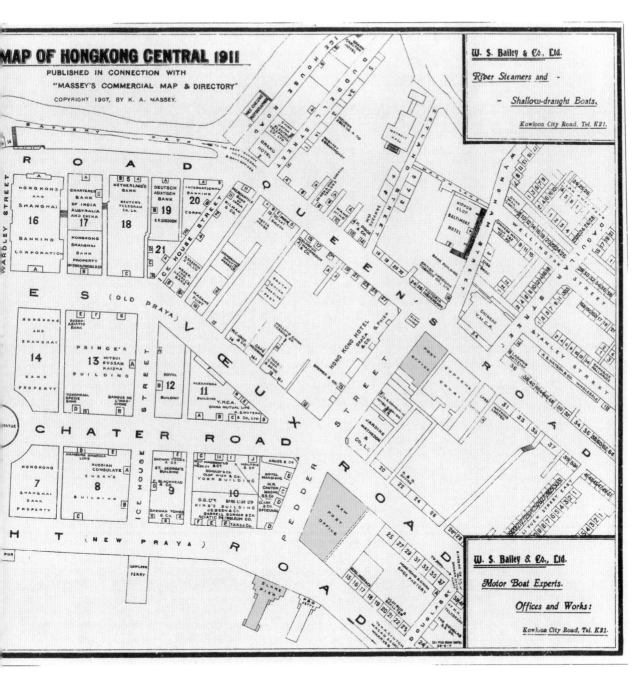

1911 年中區地圖。由地圖下部近海位置，橫跨的大街順序為干諾道（Connaught Road）、遮打道（Chater Road）、德輔道（Des Voeux Road）及皇后大道（Queen's Road）。而由岸邊的卜公碼頭（Blake Pier）一路伸延至畢打街（Pedder Steet）盡頭，可見第三代（圖寫 New Post Office）與第二代（圖寫 Post Office）郵政總局位置，第二代郵局左方為著名的畢打街鐘樓（Clock Tower），建於 1862 年，至 1913 年因擴闊皇后大道路面而被拆卸。

1955年九龍市區街道圖。▶
圖圈所示為戰後四間郵局
的分佈位置,包括:(1)九
龍郵政局、(2)油蔴地郵
政局、(3)深水埗郵局及
(4)九龍城郵政局。

(1) 九龍郵政局,建於1927年,由梳士巴利道北面舊郵局遷往南面,即面向廣東道位置,與鐘樓及火車站相鄰,由羅氏車房舊址改裝成郵局。上址至1967年8月10日易名為尖沙咀郵政局。

(2) 油蔴地郵政局,建於1915年,為九龍區第二間郵政局,坐落於窩打老道與上海街交界。郵局後方前身為建於1895年的九龍抽水站(九龍泵房),供應九龍區三萬人口食水,1911年拆卸前座後改裝成郵局,後座至今依然保持其原貌,2000年獲古物諮詢委員會列為一級歷史建築物。郵局至1967年8月12日結束營業,由鄰近的九龍中央郵政局取代。

(3) 深水埗郵政局,建於1923年,為九龍區第三間郵政局,坐落於南昌街中間大水渠上一間四方型小郵亭內,至1956年遷往元州街55號深水埗政府合署地下營業至今。

(4) 九龍城郵政局,建於1929年,坐落於衙前圍道24號對面草地上一間小屋。在該局成立前,顧客購買郵票可到鄰近的陳更煥百貨公司購買郵票,而投寄掛號信件則要到尖沙咀九龍郵政局辦理。至1942年日治時期,因日軍擴建機場而關閉,被九龍塘郵局取代,至戰後1959年,於龍崗道28號電話公司機樓下重開至今。

資料提供:《香港郵局及郵戳》,郵政策劃及拓展處與中國郵學會合編,2014年。

1. 上環分局（Sheung Wan）

　　早期稱西區（西環）分局，1898 年 7 月 5 日建於摩利臣街近德輔道中路口，面向上環街市。郵局的設立除了方便南北行郵遞服務外，亦方便鄰近碼頭由水路往來香港與中國的郵件。西環分局於 1914 年 5 月 1 日改稱上環分區郵政局，以配合維多利亞城西面另一間的西營盤分局開幕，這間分局一直運作至 1941 年 12 月香港淪陷，並在戰後 1945 年 10 月 8 日重開。

- 1957 年 7 月 1 日，遷往上環永樂街
- 1988 年 10 月 3 日，遷往上環干諾道中啟德商業大廈 1 樓
- 1991 年 7 月 29 日，遷往上環德輔道中西區電話機樓（後改稱香港電訊 CSL 中心）1 樓至今

144　Chinese Street, Hongkong.

▲　約 1915 年，相中的位置是上環永樂街與摩里臣街交界，吉祥茶居的所在地為現時的安泰金融中心，最左方的樓梯處為第一代上環分局（舊稱西區分局），而郵局的對面為上環街市。

2. 西營盤分局（Sai Ying Pun）

　　1912 年，香港大學在香港島維多利亞城西面成立，不久，便發覺這地區需要郵政服務。 1914 年 5 月 1 日西營盤分區郵局便在薄扶林道 27 號設立，這分局一直運作至 1941 年 12 月，在戰後 1946 年 4 月 15 日重開，並於 1964 年 4 月 25 日關閉。

　　1964 年 4 月 27 日，第二代分局遷往薄扶林道水街口（臨時房屋地址）。

　　1967 年 4 月 3 日，第三代分局遷回薄扶林道 27 號舊址，重建新郵局運作至今。

◀ 第一代西營盤分局，1914 年 5 月 1 日，開局於薄扶林 27 號，銷 1964 年 4 月 25 日關局尾日戳印。

◀ 第二代西營盤分局，薄扶林道水街口（臨時房屋地址），銷 1964 年 4 月 27 日開局首日戳印。

郵歷香江

3. 灣仔分局（Wan Tsai）

位於灣仔峽道和皇后大道東交界，於
1915 年 3 月 1 日啟用，一直運作至 1914 年
12 月淪陷，在 1945 年 10 月 8 日重開。其英
文名稱在 1952 年 11 月由 Wan Tsai 改為 Wan
Chai。該建築物是香港現存歷史最悠久的郵
政局建築，於 1990 年列為香港法定古蹟，並
於 1992 年 8 月 1 日結業，改為環境資源中心
至今。

▲ 香港歷史建築物系列郵票，灣
仔郵政局，1985 年。

▲ 香港法定古蹟系列郵票，舊灣
仔郵政局，2007 年。

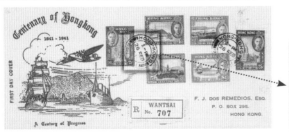

4. 赤柱分局（Stanley）

赤柱位於香港島南岸，在 1920 年代警察局內設有郵政代辦處，最早的印戳於 1930 年發現，這間單層建築的分局於 1937 年建成，運作至 1941 年 12 月淪陷，並於戰後 1947 年 1 月 1 日重開。由於赤柱的居民大多數是軍人家眷，所以當 1949 年赤柱的軍營郵政局（Army Field Post Office）在香港重開時，他們可享有軍營郵政優惠郵資待遇，至使赤柱分局的郵量大幅減少，這間分局也因此暫時關閉，所有郵件交由中環郵政總局處理。那段時期沒有任何赤柱的印戳記錄，無論是集郵封或掛號封也沒有。它在 1951 年重新開局並服務至今，是現存最古老卻仍然運作的郵局。

5. 九龍分局（Kowloon）

九龍分局共經歷了四代的變化，後期易名為尖沙咀分局亦換了三個地點。第一代九龍分局於 1898 年 7 月 5 日啟用，位於九龍半島九龍倉碼頭內，現今海港城位置。由於郵量不斷增加，1906 年打算搬往天星碼頭的臨時建築物，但分局未及開啟已被颱風吹毀。1906 年 9 月 1 日搬入梳士巴利道剛建成的第三代九龍分局新址。1927 年再搬往對面九廣鐵路站旁的紅色金字頂建築物，即梳士巴利道面向廣東道位置。該局一直運作至 1941 年 12 月淪陷，1945 年 9 月 28 日重光後重開。

由於九龍中央郵局於 1967 年 8 月 10 日在油麻地啟用，第四代九龍分局遂於同日改稱尖沙咀（第一代）郵政分局，至 1979 年關閉後，騰出位置興建香港文化中心。1979 年 3 月 10 日，遷往尖沙咀北京道 1 號，該紅磚建築物於 1910 年落成，早期為尖沙咀街市，郵局關閉後改為警員招募處。1983 年 3 月 7 日，第三代尖沙咀郵局遷往尖沙咀中間道 10 號並運作至今。

談到第一代位於九龍倉碼頭內的九龍分局，該碼頭由保羅・遮打爵士（Sir Catchick Paul Chater）成立的香港九龍碼頭及貨倉有限公司（今九龍倉集團）與怡和洋行於 1886 年成立，位於九龍尖沙咀西部海旁，為當時九龍規模最大的碼頭。

1970 年代，隨着葵涌貨櫃碼頭啟用，九龍倉碼頭的地位被取代，碼頭便拆卸重建，發展成為商業大廈、酒店及商場等組成的海港城建築羣。

Kowloon Star Ferry, Wharf and Godowns

▲ 九龍倉、天星碼頭及設於貨倉內之第一代的九龍郵政分局。

設有第二代九龍郵政分局的天星碼頭（為臨時郵局），於 1906 年 9 月 18 日未及開啟已被颱風吹毀。

Remains of the New Unused Ferry Wharf off Kowloon and the sunken steamer Kwong Chow, damaged by typhoon of the 18th of September 1906

POST OFFICE, KOWLOON

▲ 1906 年 9 月落成的第三代九龍郵政分局。

Maritime Police Station & Post Office, Kowloon Hongkong.

▲ 1910 年，從近至遠看，紅磚尖頂的建築物為第三代九龍郵政分局，中間圓柱形建築物為時球台，供海面船隻核對時間之用，最遠處為九龍倉物業。

▶ 九廣鐵路於 1910 年 10 月 1 日通車,尖沙咀火車總站則於 1913 年始動工興建,至 1916 年 3 月 28 日整個車站正式啟用。為配合由鐵路往來香港與中國的郵件。

▲ 圖中廣東道北望北京道,右方紅磚建築物上是 1910 年落成的尖沙咀街市,於 1979 年改為第二代尖沙咀郵政分局,1983 年關局後改為警員招募處。

▲ 1927 年,由梳士巴利道北面遷到南面,近九廣鐵路站旁的紅色金字頂建築物是為第四代九龍郵政分局,至 1967 年於原址改為第一代尖沙咀郵政分局。郵局長方形屋頂印有 Tsim Sha Tsui Post Office 字樣。郵局於 1979 年拆卸後,騰出位置興建香港文化中心。

◀ ▶ 首日封上,銷九龍分局掛號戳印,下方貼有九龍分局掛號標貼。右圖首日封郵戳(K)字母戳印是將韋氏(Webb)G 型的原有(Air Mail)字體移去後當作普通郵戳用途,因為當時已認為沒有需要使用特別的空郵郵戳。

6. 九龍城分局（Kowloon City）

位於衙前圍道，距離九龍分局大約三英
里，在 1929 年 1 月 2 日啟用。當年是第一間設
在新界區的正式分局，它設在前中國九龍海關
附近，在 1898 年新界租借予香港之前，九龍海
關曾使用香港的郵票，郵票上也曾出現九龍海
關的印戳。九龍城分局在 1929 年至 1941 年之
間運作，戰後沒有立即重開，1959 年遷至龍崗
道重開至今。

7. 九龍塘分局（Kowloon Tong）

九龍塘，早年是歐洲人聚居的園林式住宅
區。這間分局設於窩打老道近九龍城，官方記
錄中沒有它的建立日期，但相信是在 1933 年
11 月 4 日建立的，這間分局在 1941 年戰後沒
有重開，因當時的啟德機場郵局已將服務範圍
擴展至九龍塘區。

8. 油麻地分局（Yaumati）

油麻地是一個人口密集的地區，大多是中
國人居住，當時位於尖沙咀的九龍分局距離很
遠，未能對油麻地和旺角日益增加的人口提供
郵政服務。自九廣鐵路通車之後，這區人口不
斷增加，油麻地分局遂於 1915 年 7 月 1 日在
窩打老道與上海街交界位置啟用，一直運作至
1941 年，在戰後 1945 年 11 月 5 日重開，並於
1960 年 11 月 17 日改英文名為 Yau Ma Tei。
由於九龍中央郵局於 1967 年 8 月 10 日啟用，
第四代九龍分局亦於同日改為尖沙咀分局，而
油麻地分局亦由九龍中央郵局取代，並於同年
8 月 12 日關閉。

9. 深水埗分局（Sham Shui Po）

深水埗郵政局於 1923 年 8 月 1 日在九龍南昌街設立，一直運作至 1941 年香港淪陷。戰後深水埗成為一間重要的郵政局，並於 1956 年 8 月 7 日搬往深水埗元洲街的新址。

10. 大埔分局（Tai Po）

早期新界與其他離島分局郵量不足，所以不設分局，但有些鄉村設有警察分局及代辦郵務工作，稱為支局（Sub-offices）。多年來，外籍警察除了執行日常的警察工作以外，尚負責出售郵票，收發或轉遞信件，不少還擁有自己的印戳，而有些支局後來則擴展為分局。

大埔位於吐露港之西，自 1908 年 1 月開始，長久以來理民府（現今的新界地政署）都有一位文員非正式地處理郵務工作。1935 年 3 月 1 日大埔分局正式設立，取代上水和沙田兩間支局，戰後 1945 年 11 月 5 日重開。第二代大埔分局（1945-1979），位於大埔大馬路（現今廣福道），後遷往汀角路大埔政府合署至今。

11. 元朗分局（Un Long）

元朗分局設於元朗大馬路，在 1934 年 12 月 6 日啟用，取代拗頭、屏山和新田三間鄉村支局，直至 1941 年閉局。1957 年易名為 Yuen Long。1966 年遷往元朗理民府大樓，1983 年遷往壽富街，2002 年遷往炮仗坊並營業至今。

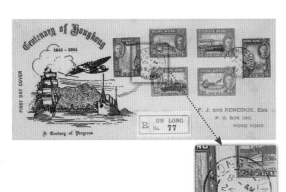

第三章

郵筒滄桑變易

香港現在有超過 1,000 個郵筒（不包括設在郵政局內郵箱）遍佈香港、九龍、新界及離島。香港郵政體系源自英國郵政，故不少早期香港的郵政用品包括郵筒都在英國製造。以往本港所用之郵筒，一直與英國的一樣，直至八十年代，本港才不再從英國訂購郵筒，改由監獄署（現稱懲教署）內的犯人以鋼材或玻璃纖維製造，本地生產，自給自足。

由英國製造的郵筒均用生鐵鑄成，有圓柱型（約重達一千磅）、嵌牆型及燈箱型等，形狀及大小各異。因為英國的郵政機構名為"皇家郵政"（Royal Mail），所以郵筒身上除了有"POST OFFICE"字樣外，更會鑄上當時的皇室徽號和皇冠。生鐵鑄成的郵筒極之耐用，可使用數十年甚至上百年，仍保持堅固如新。香港的傳統郵筒，除了有着濃厚的英國色彩之外，更是服務超卓和擁有數十年以至上百年歷史的、一等一的"街頭文物"。

最年長的郵筒

本港歷史最悠久的郵筒是維多利亞女王（Queen Victoria）執政時期鑄造的，上面鑄有"VR"美術字體的郵筒（"VR"是拉丁文"Victoria Regina"，即"維多利亞女王"的簡寫）。維多利亞女王於 1837 年至 1901 年執政，表示這款郵筒至今已過百歲了。九十年代時，全港有兩個這款郵筒，一個在九龍東頭村道及東隆道交界，編號 278，但現在同一位置已被另一款新郵筒取代了，相信現時展示於中環郵政廊、編號 21 的就是該郵筒。另一個原置於油麻地窩打老道近砵蘭街，1998 年已移送至尖沙咀的香港歷史博物館內，編號 25。它們都是香港最年長的郵筒。

▲ 編號 21 的 VR 郵筒。

▲ 編號 25 的 VR 郵筒。

郵歷香江

全港唯一的郵筒

在 1901 年至 1910 年間，愛德華七世皇帝 (Edward VII) 在位，郵筒的皇室徽號由美術字體 "ER"、羅馬數字 "VII" 及皇冠組成（"ER" 是拉丁文 "Edwardus Rex"，即 "愛德華皇帝" 的簡寫）。由於他在位僅十年，故這款粗圓柱型 (Pillar "A" Type) 郵筒的數量不多，而全港只有一個，曾位於香港半山麥當奴道 11 號，編號 20。如今已被另一新款郵筒取代了。

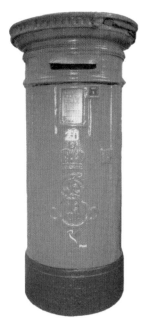

▲ 編號 20 的 ER VII 郵筒。

喬治五世與六世郵筒

喬治五世 (George V) 在 1910 年繼位，直至 1936 年，在位 26 年。在此期間鑄造的郵筒，皇室徽號均由美術草書 "GR" 及羅馬數字 "V" 組成（"GR" 是拉丁文 "Georgius Rex"，即 "喬治皇帝" 的簡寫）。這批郵筒分為幼圓柱型 (Pillar "B" Type) 和嵌牆型 (Wall Type) 兩類，由不同工廠鑄造，皇室徽號的鑄造位置亦有所不同。

喬治六世 (George VI) 在 1936 年登基繼承皇位，至 1952 年辭世。由於他在位年間適逢第二次世界大戰爆發，及戰後百廢待興的時期，資源有限，故鑄有喬治六世皇徽郵筒為數極少。喬治六世皇徽與五世的造型十分相似，只是羅馬數字由 "V" 改為 "VI" 而已。

此外，本港還有一個在喬治五世至六世兩個皇室期間鑄造的郵筒，上面只鑄有美術草書 "GR"（拉丁文 "Georgius Rex" 的簡寫），並無列明到底是喬治五世還是喬治六世時期的產物。

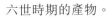

▲ 嵌牆型的 GR 郵筒，位於赤柱郵局外牆。

▶ 幼圓柱型的 GR 郵筒，於南丫島索罟灣近碼頭位置。

英治時期最常見的郵筒

繼喬治六世後，成為英國君王的是伊利沙伯二世 (Elizabeth II)，在位時期由 1952 年至今。這段時期香港經濟發達，所需郵筒也大為增加，故鑄有伊利沙伯二世皇徽的郵筒在香港便最常見。伊利沙伯二世皇徽，由大楷 "ER"（拉丁文 "Elizabeth Regina"，即 "伊利沙伯女王" 的簡寫）及羅馬數字 "II" 組成，上端有皇冠。

▲ 編號 192 的 ER II 郵筒。

▶ 曾豎立於雲咸街的 115 號方箱型郵筒。

從新加坡引入的新造型

到了 1980 年，香港的郵筒家族增加了一位與眾不同的成員，一位由新加坡引入試用的方箱型（"AA" Type）郵筒，該款郵筒曾豎立於港島中環皇后大道中雲咸街 115 號。

由於這款郵筒容量較大，可以掛放兩個郵袋，故由八十年代初起，方箱型郵筒便在香港生產製作，其造價由 1,600 至 2,200 元不等，跟英國製造的郵筒的成本相比，節省了不少。115 號郵筒現已被附近的大型郵筒取代。1988 年開始，郵政署開始安裝以玻璃纖維製造的方箱型郵筒，後來此類郵筒便大量在香港街頭出現，並逐漸淘汰昔日的 "皇徽" 郵筒。

▲ 115 號郵筒現已被附近的大型郵筒取代。

減郵筒的殖民色彩

1996 年 4 月，隨着香港回歸祖國的日子越來越近，香港郵政需要更換帶有殖民地色彩的徽號，遂開始為郵筒進行更換新標誌的工程。當時共有八百多個帶有皇冠徽號郵筒，由於其中二百多個圓型郵筒鑄有皇冠徽號，而該徽號不能拆掉，故只能塗上紅色漆油遮蓋原有的皇冠徽號，而其餘六百多個方型郵筒，其皇冠徽號則須拆去塗上當時的香港郵筒標誌——藍色英文字母 "P" 字。首個由皇冠徽號換上香港郵政 "P" 字的標誌郵筒，是位於中環華人行外、編號 115 的郵筒。

新顏色新標誌

為了配合香港郵政於九十年代改用營運基金運作，及採用以客為先的服務宗旨，香港郵政於 1997 年 5 月 9 日開始，更換新標誌——蜂鳥。

隨着機構形象的革新和 "政治需要"，香港的郵政也換上一身綠衣裳，故本港由開埠沿用至今，有百多年歷史的紅色郵筒亦須換上新裝——綠色和紫色。而最早由紅轉綠及漆上蜂鳥標誌的郵筒，是位於中區的域多利皇后街編號 49 的郵筒，以及皇后大道中編號 238 的郵筒。

至今，仍有一小郵箱未換上綠衣裳的，仍保持紅色，就是擺放在黃竹坑警察學院更樓內供學員和職員使用的那個。顯然，郵政署當年是忘記了這郵箱，所以才有逃過變綠機會。

▲ 沒有變綠的小郵箱。

▲ 新標誌以抽象化的蜂鳥為造型，而蜂鳥素以速度高及意志強見稱。

不能寄信的郵袋櫃

另外，回歸前香港郵政向當時香港的四大郵學會（中國郵學會、香港郵學會、尖沙咀郵學會和香港警察郵學會）分別贈送了一個紅色掛柱小郵筒以作紀念。

除了綠色郵筒外，亦有一些沒有"投寄郵件入口"的紫色郵筒，它們的外型大小與一般綠色的方箱型郵筒無異，旁邊印有香港郵政的標誌，它們是專為分擔郵差派信袋的"重擔"而設的"郵袋櫃"。

香港郵政在 1996 年 10 月開始在告士打道、渣華道、阿公岩道及九龍塘多實街附近安裝及試用這些郵袋櫃。由於試驗十分成功，故全港各區均已安裝了這些紫色郵袋櫃。

▲ 在一個嘉年華會中展示香港郵政送給香港警察郵學會的小郵筒。本書其中一位作者何明新（左，當時是警司、警察郵學會主席）正向李明達先生（右，當時是助理警務處長，後晉升為警務處長）介紹該郵筒的歷史。

▲ 郵袋櫃。

郵筒見證時代變遷

從香港郵筒的轉變，可反映出香港百多年來的歷史和受政治經濟等所帶來的影響，而能屹立至今、富殖民地色彩的郵筒亦應列入文物保護名冊，這是香港的文化遺產，應加以保護。

在殖民地時期，除了上述介紹的郵筒外，筆者在回歸前亦曾見郵政署舊物貨倉內存有一些其他不同皇室標誌組合的紅郵筒，郵政署應該進行郵筒保育工作，讓這些"那些年"的老爺郵筒從新"上街"，置於不同有歷史價值的地方，供人細味其過往功績。

不可不提的是，在 2014 年 79 天佔中 (非法佔領) 期間，位於旺角彌敦道的郵筒曾遭佔領者破壞。

▲ 旺角彌敦道的郵筒曾遭佔領者破壞。

▲ 破壞後復修。

郵筒八景

自地下鐵路（與九廣鐵路合併後，改稱港鐵）成為香港人的日常主要交通工具後，很多人要求在鐵路站內加設郵筒，方便市民。因以往興建鐵路時沒有考慮這需求，現時很多車站已安放郵筒了，雖然部分使用上會有很多限制，但新建車站一定會安放郵筒。

置身不同區域的郵筒，發揮的功用都各有不同。它們被放置於各種環境下，有處身繁囂鬧市的街道中、有處身寂靜郊區樹蔭下、有處身遊人如鯽的旅遊區，最厭惡的還是處身廢棄雜物中，真的可謂"同筒唔同命"！

▲ 最近引入裝嵌在牆身的郵筒。

▲ 車站內郵筒。

▲ 山頂

▲ 大埔

▲ 香港仔　　　　　　　▲ 尖沙咀　　　　　　　▲ 中環遮打道

▲ 中環　　　　　　　　▲ 長洲　　　　　　　　▲ 長洲

郵票種類淺談

　　中國香港和其他國家或地方發行郵票的種類都大同小異，大致可分為普通（通用）郵票（defin-itive stamp）、紀念郵票（commemorative stamp）、特別郵票（special stamp）、欠資郵票（postagedue stamp）和慈善郵票（charity stamp）。顧名思義，紀念郵票和特別郵票是為了紀念一些特別事情而發行的，對一般市民和集郵者來說，外貌跟通用郵票是沒有大分別的。

▲ 普通或通用郵票。

▲ 紀念或特別郵票。

欠資郵票。▶

普通郵票，亦稱為通用票或繁用票，是供日常投寄郵件使用的，所以有不同大小的面值，每套的枚數比特別或紀念郵票多，以適合不同的郵資要求，而且可以多次加印，一版再版，並無限制。遇着郵資變更時，更可以增加不同面值以應付需求，而且郵票的圖案題材廣泛，通用的時間也較長。最近更有改為沒有面值的郵票，只供本地或空郵之用，面值相等於當時法定的本地或空郵郵費。

普通郵票被稱為"普通"郵票，與郵票的使用價值無關，只是與紀念郵票、特別郵票和慈善郵票的性質不同。

▲ 沒有面值的郵票。

世界的通用郵票

　　世界上最早發行的郵票，就是普通郵票，無論英國的黑便士郵票（Penny Black stamp）、中國的大龍郵票（Large Dragon stamp）、日本的手雕切手（Hand Engraved stamp）、香港回歸前的維多利亞女王郵票及現時描繪香港岩石的通用票，都是普通郵票。奇怪的是世界各國普通郵票的面積大小，都是差不多，大概是多年經驗所得，這樣大小的郵票最適合，如果郵件超重的話，多貼一枚也不礙事。

　　很多國家和地區把一套普通郵票分為高面值和低面值兩組，高面值的郵票面積較大，中國內地、香港、英國、日本、新加坡、加拿大均是如此，美國的普通郵票卻沒有面積大小之分，從一分到五元都是相同的。不過，有時也有例外，香港在 1968 年發行了一套"香港市花及盾徽 Hong Kong Bauhinia Blakeana and Coat of Arms"郵票，全套兩枚，屬於普通郵票，面積很大，而且圖案和傳統的普通郵票完全不同，當時為甚麼會發行這一套普通郵票，至今仍是一個謎。

　　全世界國家發行的普通郵票設計各有特色，反映該國的政制及民族風格。英國十分保守，百多年來都是以國家君主肖像做普通郵票的圖案。德國的普通郵票除了國家偉人肖像外，還有不同時期的建築物、古物、工業新科技等題材，顯示德國科技研究的成績，及對社會文化的重視。日本的普通郵票早期以皇室圖案為重，戰後設計逐漸變得多樣化，把學者肖像、大佛像、狗、魚、馬、昆蟲、建築物等，全都放入不同主題的普通郵票裏，近來更把漫畫套入設計中。美國普通郵票不拘一格，甚麼都有，也有同時發行兩、三套不同主題的普通郵票，先後有傑出人物肖像、老爺交通工具、傳統樂器等，而且經常改版，所謂改版是把舊圖案重新鑄刻，印出來的效果完全不同，簡直是另外一枚郵票。

▲ 黑便士郵票

▲ 香港市花郵票。

▲ 大龍郵票

▲ 香港盾徽郵票。

光頭佬和鬍鬚佬香港郵票

　　回說一下香港普通郵票的設計，一百多年的殖民地時期，普通郵票都隨着英國傳統，以當朝君主肖像為圖案，最初是維多利亞女王肖像，女王逝世後由長子愛德華七世繼位，普通郵票就改用愛德華七世肖像作圖案，愛德華七世登基時年已六十，前額頭髮盡脫，所以用他肖像為題材的郵票被香港集郵者稱為"光頭佬"郵票。到愛德華七世逝世後，繼位的為喬治五世，這位君主留了一把美鬚，因此香港集郵者喜歡把喬治五世的郵票叫做"鬍鬚佬"郵票。

　　之後愛德華八世繼位，而這位已故的溫莎公爵、風度翩翩的君主在位不足一年，便不愛江山愛美人去了。因為愛德華八世在位不足一年，香港來不及發行郵票，如果想一睹他的風采，只好找英國郵票了。

▲ "光頭佬"郵票。

▲ 愛德華八世的英
國郵票。

▲ 香港愛德華八世
試樣通用郵票。

▲ "鬍鬚佬"郵票。

過渡性郵票

　　之後愛德華八世的弟弟喬治六世繼位,1938 年香港開始發行喬治六世的郵票,但他在位期間,有三年多因為日軍佔領香港,故改用日本郵票。勝利和平後,香港又重新發行喬治六世的郵票。直到他逝世後,由長女繼位,就是現在的英國女王伊利沙伯二世。女王伊利沙伯二世肖像的普通郵票發行了六組,直到 1997 年 1 月 26 日發行一套沒有殖民地色彩的過渡性郵票,只印有"香港"字樣,由殖民地政府一直使用到回歸後,是名副其實的過渡郵票。

　　過渡性的香港沿岸景色郵票,發行雖然只有一年多,但有很多變化,如刻有暗記、螢光以及磷光,也有大小齒孔防偽。版票、小本票、卷筒票、小型張各有不同,背膠也不同,可堪研究。但它們終歸是屬於過渡性質,不能長期使用,回歸後香港已發行了四套香港普通郵票,分別採用香港風景名勝、中西文化、雀鳥和現時的岩石為圖案設計,發揮"郵票是國家名片"的作用,讓世界各地更認識香港。

　　香港回歸後發行的普通郵票全套 16 枚:13 枚低面額,由 1 角至 5 元;3 枚高面額,為 10 元、20 元及 50 元。因應郵費改變和其他因素,現時已改為 12 枚低面額(10⊄、20⊄、50⊄、$1、$1.7、$2、$2.2、$2.3、$2.9、$3.1、$3.7、$5)和 4 枚高面額($10、$15.5、$20、$50)。普通郵票每套由 10 至 20 枚郵票組成是適中的,世界各國大致相同,日本現行使用的普通郵票是 18 枚一套,新加坡是 13 枚一套,中國的普通郵票是 21 枚一套,美國是 29 枚一套,德國是 36 枚一套。惟英

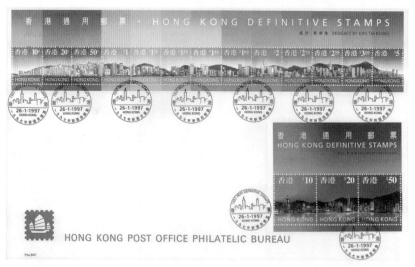

▲ 過渡郵票。

面值見物價和社況

國的普通郵票枚數最誇張,女王像普通郵票自 1971 年開始發行,不斷增加新面值和改變磷光位置,到目前已超過 100 枚,簡直令人眼花繚亂。

普通郵票是繁用票,可以配合郵資變更而增加不同面值,可以加印,有需要時還可以修飾印版,經多次加印就有紙張不同、水印不同、背膠不同,每次印刷顏色還會有所差別,因此普通郵票的版式研究,對集郵愛好者來說是很富挑戰性的,而收集紀念和特別郵票,就與收集普通郵票有不同的趣味。

還有,普通郵票足以反映社會經濟狀況,如 1911 年至 1949 年中華郵政時期的普通郵票,面值從半分升到五百萬元一枚;德國曾發行面值五百億舊馬克一枚的普通郵票,可以想像當時民間生活的困苦情況。普通郵票也可以加蓋文字作為紀念郵票之用,香港第一套紀念郵票"香港開埠五十周年紀念",就是利用當時面值二仙的維多利亞女王像普通郵票,將之加蓋改為紀念郵票的。由此可見,普通郵票實在絕不普通呢!

▲ 一封 1948 年寄美國的航空信函,貼孫像梅花版國幣票五千四百萬元,以一金圓券對三百萬國幣計算,折合為金圓券 18 元,因當時國共內戰,導致超級通貨膨脹 (鄭奕翀提供)

欠資郵票

　　香港於 1923 年 12 月首次發行欠資郵票，目的是方便收取寄件時欠付或郵費不足的所欠郵費。在此之前，欠付的郵資是以普通票來繳付的。

　　第一組欠資郵票共一套五枚，採用混合皇冠 CA 水印紙印製。分直水印和橫水印。當郵件欠資，便會貼上該欠資郵票在郵件上，由收件人負責支付。由 2015 年 9 月 1 日起，當收件人領取欠資的"存局待領"郵件或投寄至郵政信箱的郵件時，會獲發一張綜合收據以資證明。屆時，郵件上不會附上欠資標籤，目的是簡化運作流程，亦為香港欠資郵票劃上一個休止符。

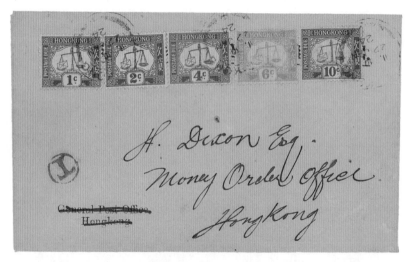

第一組全套欠資 ▶
（直水印）郵封，
銷 1924 年 1 月
22 日，由香港寄
出。罕有。

第一組全套欠資 ▶
（橫水印）郵封，
銷 1937 年 8 月
12 日。

客郵

十八世紀以來，英、法、俄、日等國先後向中國發動侵略，清政府被逼開放商埠，列強更在中國各地開設其外國郵局並各自發行郵票，又稱客郵。由 1917 年起，英國政府以香港喬治五世像郵票加蓋 "CHINA" 交於中國內地各英郵政使用。可用範圍包括：上海、廈門、廣東、煙台、福州、漢口、海口、寧波、汕頭及天津。

下封為貼上全套連高面值 10 元的英國客郵實寄封，相當罕見，為客郵系列中的瑰寶。1926 年 6 月 6 日此信由山東威海衛愛德華港，以雙掛號經香港及新加坡寄往荷屬東印度。上貼全套客郵第一組（1 仙至 10 元），（欠 12 仙、30 仙與 3 元，當時已停用），下方銷有大型雙掛號戳印（AR），及 Port Edward 長方型掛號戳印。該封背銷有香港轉口印（6 月 19 日）及荷屬印度的到達印（6 月 27 日）。

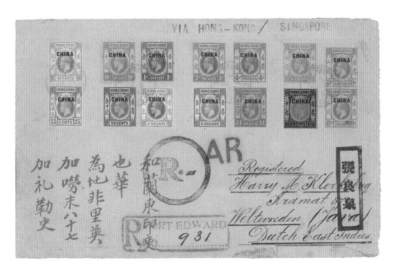

◀ 寄東印度的珍貴客郵封。

◀ 客郵封封背。

下封為 1922 年 11 月 23 日由海口寄往香港的客郵封，收件人為著名香港葡籍郵商 Graca & Co.，上貼全套客郵第二組（1 仙至 2 元）。每枚郵票均附版票版號英文字母（F），非常罕有。

　　海口是海南島北方的港口，海口於 1860 年成為商埠之一，但是它的郵政代辦則遲至 1876 年才建立，而且只是義務性質，那裏的郵政量都不算繁忙。但由 1890 年起，開始支付薪金給主理郵務的官員，直至 1922 年郵政局關閉。在商埠印戳類而言，為其中最罕少類別之一。

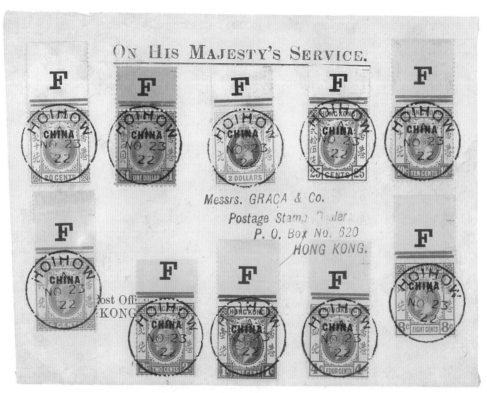

▲　寄香港的珍貴客郵封。

以下為客郵 4 仙錯蓋印戳實寄封。該封由上海寄往香港，郵票上原應銷上海商埠戳印，以示該信寄自何處，但上海郵務員竟然蓋戳於封底（1921 年 10 月 23 日），封面所貼 4 仙客郵郵票漏打蓋印。該封到達香港後，香港郵務員又竟然錯把到達戳印誤蓋郵票上（1921 年 10 月 28 日），收件地方理應蓋在封底上。兩地的誤蓋令此封客郵成為郵政史上罕有的錯體例子示範。

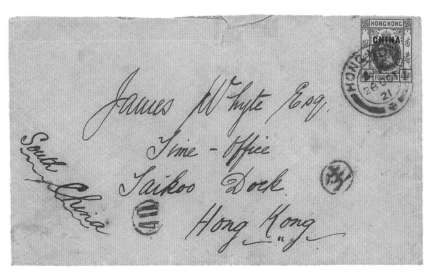

◀ 蓋印錯體客郵封。

◀ 客郵封封背。

第五章

香港航空郵政

香港之航空事業具有悠久歷史，1891 年第一個熱氣球在本港首次升空。20 世紀初政府批准私人公司在九龍灣北填海，後來該空地用作興建機場，1925 年 1 月是啟德機場首次有飛行紀錄的日子。由於機場位處市區，飛機降落須低空飛越九龍城密集的市區，更因飛機要在香港着陸的驚險景象而聞名全球。隨着機場客貨量上升，政府在啟德以西約 27 公里的大嶼山赤鱲角興建新機場，並於 1998 年 7 月 6 日正式啟用。

▲ 香港開埠百周年紀念 1 元郵票。背景為啟德機場附近，當年一片荒蕪，只有山景，機場規模只可升降圖中的水上飛機（中國飛剪號 China Clipper）。該飛機由美國飛機公司馬丁建造及售與泛美航空公司，是提供橫越太平洋飛行服務的全金屬飛船，航線由三藩市往來香港，途經檀香山、關島、菲律賓、澳門及中國等地。

中國飛剪號於三藩市上空飛行。 ▶

郵歷香江

香港動力飛行百年

　　1911 年 3 月 18 日，是香港首次見證動力飛行的日子。比利時飛行先驅查爾斯·溫德邦（Charles Van den Born）駕駛費文 II 型（Farman）雙翼機（Farman bi-plane），在沙田的淺灘試飛成功，為香港航空發展史揭開序幕。

　　郵票背景為沙田圓洲角，當日九廣鐵路特別開出前往沙田的專線列車，在港督盧吉夫人（Flora Shaw）等觀眾的目睹下，該雙翼機成功登上 60 呎的上空飛行。另一枚郵票可見香港國際機場客運大樓展示的費文雙翼機仿製品，並命為沙田精神號（Spirit of Sha Tin），1997年 11 月 15 日在赤鱲角新機場開幕前，進行了一次飛行表演。

▲ 2011 年香港動力飛行百周年紀念郵票。

約 1928 年飛越 ▶
中環皇后碼頭的
雙翼機。

科學館內的國泰機

國泰航空公司於 1946 年成立，1983
年國泰在澳洲購回創辦時的首架客機
（Douglas DC-3），並命名為貝斯（Betsy）。
在 1983 年 9 月 23 日在香港上空飛行一周
後，便存放在香港科學館 2 樓的交通廳作
長期展覽。

另外，香港自發行郵票至今 170 多
年，從未出過航空郵票。航空郵票是專門
為郵寄航空信件而發行的郵票，沒有航空
郵票便不能像那些有發行的國家，一看所
貼的航空郵票就可以鑒別那是航空信函
了。早期的香港航空郵戳曾用紅色加蓋，
跟普通的黑色郵戳有分別，方便郵務員
處理，後來改用特種郵戳，刻有航空郵件
"AIR MAIL" 字體，及後又再使用普通的
郵戳。

▲ 1948 年，一架 Douglas DC-3 飛過港島的金馬倫山近灣仔峽，
機頭前方位置為現今警隊博物館（當時是灣仔峽警署）。

▲ 1948 年，一架 Douglas DC-3 飛過九龍半島上空，機翼下垂直
的馬路是彌敦道，由旺角一直伸延至油麻地、佐敦、尖沙咀一帶。

香港首班商業客機

　　1936 年 3 月 14 日，帝國航空公司（Imperial Airways）經營香港首條定期商業客運航線，英製的 De Havilland DH86 A Dorado 多拉多號航機由倫敦起飛，途經多個歐亞非城市，九天後抵達檳城，並於 3 月 24 日經西貢到達香港。當日上午 11 時許，多拉多號進入香港領空，並在航艦赫米斯號（Hermes）上的戰機領航下降落啟德機場。首班航機為啟德帶來 16 大包郵件及一名乘客，該乘客為香港民航史上的首位乘客，是名叫王怡林的馬來西亞華僑。當時機上沒有座位，王氏全程只能坐在郵包上。透過帝航的帝國之路，乘客與郵件可由香港經馬來西亞轉機前往檳榔嶼，轉到印度、澳洲至倫敦終站。開始了檳城與香港間每週一次的定航班機服務，該條航線亦標誌着啟德機場已進入提供公共運輸服務的新紀元。

▲　約 1952 年的啟德機場，圖中左邊的飛機跑道為現今新蒲崗爵祿街（街名為飛機着陸之意），最左為彩虹道，右為牛頭角一帶。有數架水上飛機在水面上停泊，中間靠山的屋宇設有第一代啟德機場郵局。

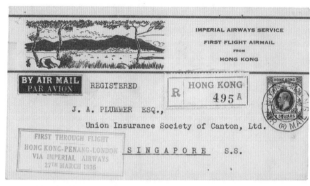

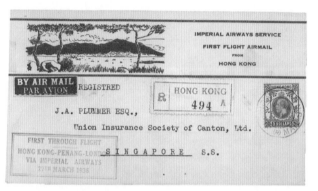

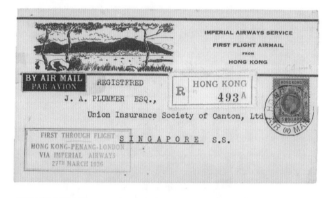

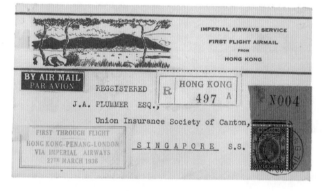

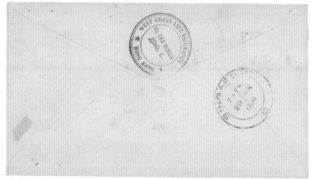

　　1936 年 3 月 27 日，香港寄往星加坡帶有帝國航空公司圖案的首航封上，貼上全套喬治五世高面值 1 元至 10 元的通用票，全銷 3 月 26 日航空戳印，下方蓋長形雙框紫色首航紀念戳印，另附貼航空與香港掛號標貼，其中附帶版票號碼（N004）之 10 元首航封極為罕有，至今只發現該封的紀錄。

　　2016 年為英國航空（前身為帝國航空）飛往香港 80 周年紀念，當局亦有舉辦展覽於香港大學慶祝該項盛事。

▲ 1984 年香港航空事業紀念郵票。

4 角：英國航空公司的多拉多號（Dorado）。1936 年 3 月 24 日，該航機首次降落啟德機場。

1 元：泛美航空公司的香港飛剪號，為泛美於 1957 年開辦至馬尼拉的定期航線，可載客 28 人。

1 元 3 角：國泰波音 747 航機在啟德機場降落。

5 元：1891 年 1 月 3 日，美國巴榮（Baldwin）兄弟在跑馬地升空所用之熱氣球。

第二部

郵票中的歷史對照

香港開埠五十年

香港第一套紀念郵票（1891年）

　　1891 年是香港開埠 50 周年（金禧）紀念，香港政府委派華民政務司史釗域・駱克（Stewart Lockhart）負責籌備同年 1 月 22 日在大會堂舉行的慶祝舞會，香港政府各部門更於 1 月 22 日起連續三天下午一時起休假半日（星期四至六），是香港開埠以來最大規模的慶祝活動。

　　1891 年 1 月 22 日香港發行了第一套紀念郵票——香港開埠 50 周年紀念郵票，這套郵票曾由當時香港署理港督催促英國理藩院盡快審批發行，後來由於時間不夠充裕，來不及設計一款新圖案郵票，最後選用了 1883 年面額二仙、胭脂紅色的維多利亞女王（Queen Alexandrina Victoria）頭像通用郵票，在上加蓋 "1841- 香港金禧紀念 -1891（1841-Hong Kong JUBILEE-1891）" 字樣，作為全球首套以加蓋形式發行的紀念郵票。加蓋工作由當時專職香港政府印務的勞安夏父子公司（Noronha & Sons）負責承辦。

▲ 香港開埠 50 周年紀念郵票。

▲ 維多利亞女王自 1837 年起登基成為英國君主，1876 年起用印度女王新頭銜，直至於 1901 年逝世。圖片攝於女王登基 50 周年金禧紀念（1837-1887）。她為當時英國在位最長壽君主，但已被現任女王伊利沙伯二世（Queen Elizabeth II）打破紀錄。

搶購首套紀念票的騷亂

發行首日非常哄動，早上 7 時開始發售，郵政總局擠滿了不同國籍的集郵人士，一度引起搶購熱潮。最初每人限購 25 枚，至 8 時則減為每人限買 20 枚。由於人羣擁擠，秩序大亂，結果兩名葡萄牙人在混亂的人羣中被夾死，1 名荷蘭籍海員被刺斃，另外還有多人受傷。也許因為這個招致混亂的原因，之後直到 1935 年英王喬治五世銀禧紀念時，郵政署才發行第二套紀念郵票。該套郵票共發行五萬枚，在香港推出 3 天便告售罄，大部分郵票都是集郵人士購得，而且大多數在購入時已作首日蓋銷（Cancelled to order）收藏，而真正貼在信封上作首日蓋戳的信封至今只發現有 15 枚郵封紀錄，為香港紀念票系列的珍罕郵品。首日蓋銷的意思是，在新發行的未使用郵票上蓋發行首日的郵戳，供集郵人士收藏，未必正式寄出。

▲ 圖約為 1880 年的中區畢打街。中央是皇后大道中的鐘樓，右方的兩層高建築物是香港第二代郵政總局（1846-1911），香港開埠 50 周年的紀念郵票就在此發售，期間引起騷亂。

珍貴的開埠 50 周年首日封

以下是 1891 年 1 月 22 日香港開埠 50 周年的首日封，收件人是 Farmer，他下榻於寶靈海旁的維多利亞酒店（Victoria Hotel），即現今德輔道中、砵甸乍街與利源西街交界位置。開埠 50 周年的首日封尚流存至今的只有 15 枚，其中有 3 封是寄給 Farmer 的。這 15 枚信封留存至今實屬難能可貴，為香港郵票的重要檔案紀錄。

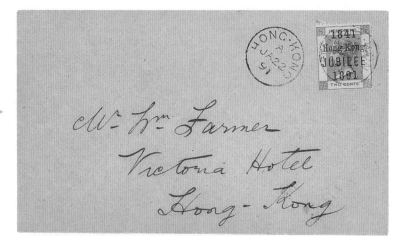

開埠 50 周年首日封。▶

在砵甸乍街與利源西街中間的兩層高梯形屋頂建築物（圖正中央）為當時著名的維多利亞酒店。也是首日封上的手寫地址。

2 字印刷版式

　　如前所述，維多利亞通用郵票可以多次加印，當印版經多次壓印後，發現損耗與破版時，便會更新替換，印刷時會由"1"字轉為"2"字版式。為方便印刷技師核對顏色與郵票圖案（印紋圖像）的位置是否準確，通常版式皆附印於紙邊角位位置。不過，香港開埠 50 周年紀念郵票只有"2"字一種版式，"2"字會出現於郵票用紙的四個角位的紙邊，而帶有圖中所載的右上角"2"字色版位置的郵票，只有區區 208組，流存至今的更為鳳毛麟角，大部分發現的為單枚或沒有紙邊連體，所以這款附紙邊版式號的郵票為香港紀念票系列中的重點郵品。

▲ 1891 年香港開埠 50 周年紀念郵票，
舊票四方連帶紙邊 "2" 字印刷版式。
（周永昌藏品）

香港開埠 50 周年首日封，▶
封上合建時公司地址為德
己立街 2 號（今中環娛樂行
附近）。（劉善生藏品）

合
建
士
公
司

Messrs. HOPKINS & Co.

No 2, D'AGUILAR STREET.

HONG KONG.

殺手戳印

　　香港開埠 50 周年紀念封，貼上 10 仙（0.1 港元）郵資本地掛號郵件，銷 B62 殺手戳印（即戳印覆蓋整枚郵票面積，郵政當局以防再次貼寄使用），另附 1891 年 8 月 18 日寄出的日戳。掛號郵件上蓋圓形 "R" 掛號戳印（1879 至 1899 年間使用此方式表示掛號）。收件人為 Blohm Grossmann & Co，地址為中環士丹利街 16 號（今陸羽茶室附近）。

（謝維業藏品）

為首日封加蓋的印務公司

　　勞安夏公司（Noronha & Co），為香港早期政府印務承辦商，香港開埠 50 周年紀念郵票黑色字體加蓋部分由勞氏所承印，創辦人為德爾菲諾・羅郎也（Delfino Joaquim de Noronha），當年印刷廠地址設於今中環泄蘭街與安蘭街交界。

第二部 | 第二章

英王的光頭佬標記

愛德華七世通用郵票（1903年）

　　愛德華七世（King Edward Vll）生於 1841 年 11 月 9 日，1901 年 1 月在維多利亞女王駕崩後登基，至 1910 年 5 月 6 日駕崩，在位只有九年。由於登基時已為花甲之年，帶禿頭標記，香港郵友冠以其"光頭佬"雅號。

　　愛德華七世是維多利亞女王的長子，他自幼不是讀書材料，加上姐姐長公主品學兼優，更加倍突出他的弱點。在外人眼裏，他只不過是名懶散、驕奢淫逸的紈絝子弟。1859 年他入讀牛津大學，是首位進入牛津大學的皇儲。後來轉劍橋大學的聖三一學院，但是都無法畢業。在駐愛爾蘭陸軍部隊服役時，曾與一個女演員厮混。其父艾伯特親王（Prince Albert）關心他的情況，1861 年到劍橋一趟，卻在歸來兩星期後染上傷寒病去世。因此，中年喪偶的女王把亡夫的死歸咎於愛德華的荒唐行徑，從此不准他參與朝政及宗室事務。1901 年，年已花甲的愛德華終於登上國王寶座，號愛德華七世。1910 年，在位九年的愛德華七世駕崩，享年 69 歲。

　　愛德華七世年輕時基本上不曾參加國務，缺乏處理國事的經驗。但其愛好交際、愛仗義、可親的性格，極受各階層的英國人歡迎。

▲　愛德華七世

愛德華七世在位期間，香港共推出了三組全套通用郵票。1903 年 1 月發行第一組，有皇冠 CA 水印，全套 15 枚，面值由 1 仙至 10 元。1904 年至 1907 年發行第二組，有複印皇冠 CA 水印，全套 15 枚，面值由 2 仙至 10 元。1907 年至 1911 年發行第三組，複印皇冠 CA 水印，全套 8 枚，面值由 1 仙至 2 元。

皇冠 CA 水印

複印皇冠 CA 水印

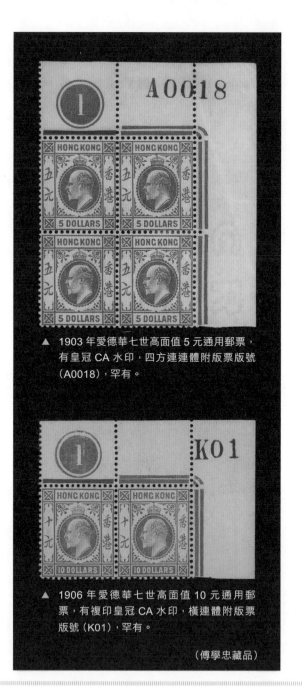

▲ 1903 年愛德華七世高面值 5 元通用郵票，有皇冠 CA 水印，四方連連體附版票版號（A0018），罕有。

▲ 1906 年愛德華七世高面值 10 元通用郵票，有複印皇冠 CA 水印，橫連體附版票版號（K01），罕有。

（傅學忠藏品）

郵費昂貴的郵寄卡

　　10元郵票的用途多應用於包裹郵資，因包裹多數較重，要多付郵費，但很少用於普通郵政寄遞，貼於信封上更是鳳毛麟角。圖中所示貼郵卡由著名香港葡籍郵商 Graca & Co. 所製，貼上 10 元郵票，銷香港大學一周年臨時郵局戳印。坊間所見全為貼依面值分數郵票，貼高面值 10 元的，至今只發現兩枚存世紀錄。

各式十元郵票存世考

以下記錄了推出的愛德華七世通用郵票中，不同的發行日期推出了高面值 10 元帶號碼（版票版號）的存世考據。

其中右頁的 G26 與 K06 版號方連連體為英國皇家郵集藏品，曾於 1994 年香港郵展中展出。

圖中所示 10 元四方連連體非常罕有，以當時 1903 年 40 元面值計算，一個普通工人月薪約 5 元，相等於該工人 8 個月薪金，實為一龐大金錢。

發行日期	水印	紙質	版票字母	版票版號紀錄	發行全版張數
1903年1月12日	CA皇冠	普通紙	A版	-	25張
1903年11月30日	CA皇冠	普通紙	E版	E001、E020	26張
1904年6月14日	複印CA皇冠	普通紙	F版	-	26張
1904年12月29日	複印CA皇冠	普通紙	G版	G03、G23、G26	18張
1906年6月24日	複印CA皇冠	粉面紙	K版	K01、K06	16張
1906年12月4日	複印CA皇冠	粉面紙	L版	L	32張
1907年11月29日	複印CA皇冠	粉面紙	N版	-	31張

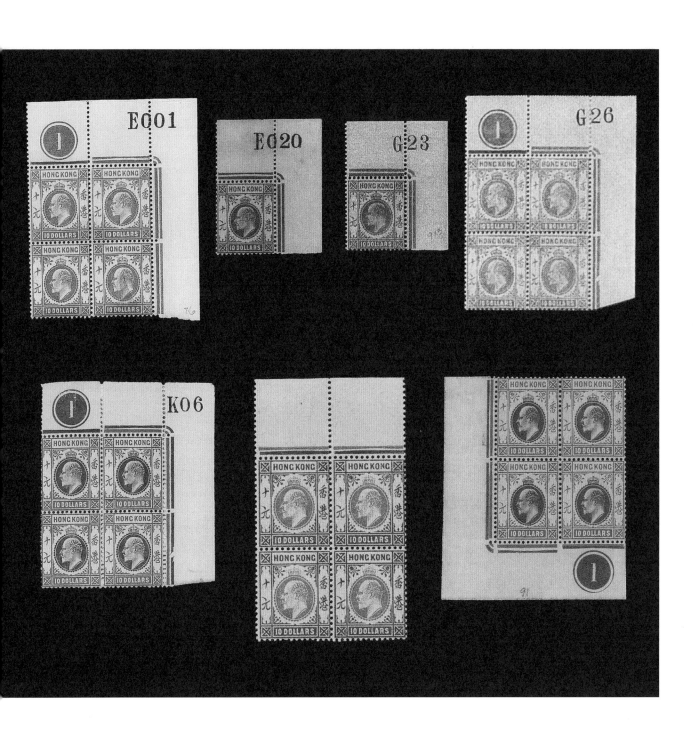

香港大學教育萌芽

香港大學一周年紀念首日封（1912年）

　　香港大學於 1911 年 3 月 30 日成立，是香港首所公立大學。1912 年 3 月舉行正式的創校典禮，並正式辦學。香港大學的創校學院包括醫學院、文學院及工程學院，其中的醫學院前身是於 1887 年創立的香港華人西醫書院，孫中山先生曾習醫於此。

　　20 世紀初，列強紛紛在中國成立大學，當時第 14 任港督盧吉（Sir Frederick Lugard）提出在港興建第一所大學，獲得印度商人麼地爵士（Sir Hormusjee Naorojee Mody）等中外人士捐款贊助，華人亦曾在石塘咀的太平戲院上演粵劇籌募辦學經費，港督盧吉亦有出席觀看。1910 年 3 月盧吉主持本部大樓動土儀式。

一周年臨時郵局紀念戳

　　1912 年 3 月 11 日，首日開學在校園內設立臨時郵局替人蓋紀念郵戳，營運至 3 月 16 日，為時 6 天，方便中外嘉賓附寄郵件紀念。香港第一套臨時郵局紀念郵戳系列（Temporary Post Offices）亦由該種郵戳開始。

Messrs. GRAÇA & Co.

HONGKONG HOTEL BUILDING

HONGKONG.

▲ 1912 年 3 月 11 日香港大學一周年紀念首日封，銷香港大學臨時郵局首日紀念郵戳。收件人為著名香港葡籍郵商 Graca & Co.。

THE INAUGURATION OF THE HONGKONG UNIVERSITY, 11TH MARCH 1912.
香港大學開堂幕開紀念

PRESENTED BY WOO CHEONG PHOTOGRAPHER, TO THE BAZAAR.
PHOTO BY A.FONG.
香港和昌敬送

POST CARD
THE ADDRESS TO BE WRITTEN ON THIS SIDE.

The Inauguration of the Hongkong University, 11th March 1912.
念紀幕開堂學大港香
Presented by Woo Cheong, Photographer, to the Bazaar
送敬昌和港香

▲ 1912 年 3 月 14 日香港大學一周年紀念明信片，銷香港大學臨時郵局
紀念郵戳。

香港大學 50 周年紀念

　　1961 年 9 月 11 日為慶祝香港大學成立 50 周年紀念，香港郵政推出周年紀念票。郵票圖案採用香港大學校徽，校徽內寫有大學校訓──明德格物。"明德"、"格物"皆出自《禮記‧大學》。《大學》首句："大學之道，在明明德"，意指讓光明皎潔的德性彰顯出來，將它發揚光大，推己及人；又説："古之欲明明德於天下者，先治其國；欲治其國者，先齊其家；欲齊其家者，先修其身；欲修其身者，先正其心；欲正其心者，先誠其意；欲誠其意者，先致其知。致知在格物。"格物指窮究事物的原理，而"格物"最基本的方法就是讀書，有淵博的知識。校訓宗旨是要實踐道德修行和學習有用知識。

▲ 香港大學 50 周年首日封，一套七枚，貼全套伊利沙伯第一組（民裝）通用郵票，銷大學臨時郵局戳印。以上為其中兩枚。

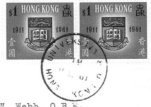

1961 年 9 月 8 日，大學內開設了一所臨時郵局，以便於 1961 年 9 月 11 日金禧郵票發行首日蓋銷紀念封，該局於 9 月 22 日關閉。如圖所示的首日封，左方與下方同時加蓋學生會郵戳，銷臨時郵局首日戳印，收件人為著名郵史學家韋寶上校（Francis. W. Webb）。韋氏為香港郵票研究會前會長，英國倫敦皇家集郵會會長，曾著有《香港郵學及郵政歷史暨中國及日本商埠郵政歷史》經典巨著（1961 年）。

香港大學 50 周年首日封，郵票附版票版號，銷大學臨時郵局首日戳印。郵封左方同時加蓋學生會郵戳。收件人為尖沙咀郵學會創會主席余祿佑。

香港大學 50 周年首日封，1961 年 9 月 11 日發行，香港中國郵學會印製，銷流動郵局 1 號車郵戳（Mobile P. O.），郵票附版票號碼。收件人為余祿佑。

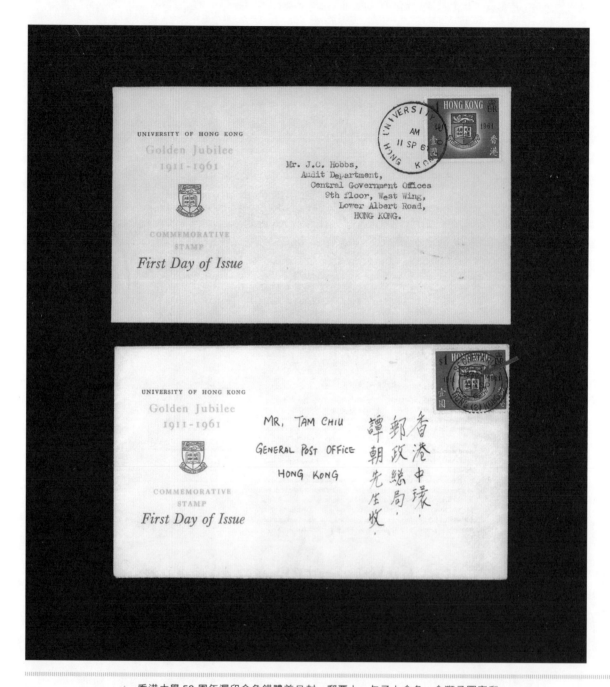

▲ 香港大學50周年漏印金色錯體首日封。郵票上，欠了上金色，令獅子圖案和
書頁位置欠了金色，郵票下方也欠了一行 "University Golden Jubilee" 文字。
當時布政司署分局發現共有兩全版版票錯體（共100枚），後被分割成多枚單
票、雙連、四方連收藏，而已貼於首日封的至今只發現五枚。圖中所見首日封
為其中兩枚，分別蓋香港大學臨時郵局首日戳印（上），另一枚蓋布政司署分局
印（下），即發現該錯體郵票的郵政分局。

▲ 上 香港大學金禧紀念。郵局於 1961 年 9 月 8 日至 22 日，開設一所臨時郵
　　　局於大學內。

　　下 2011 年 9 月 15 日為香港大學成立百周年紀念，香港郵政亦發行郵票紀
　　　念該項盛事。明信片背景選用 1911 年香港大學的外貌，是個跨越時空
　　　的郵品。

第四章

一戰後的香港側寫

喬治五世通用郵票及賣物會臨時郵局郵戳（1917年）

喬治五世（King George V）在 1856 年 6 月 3 日生於倫敦，1910 年 5 月 6 日在愛德華七世駕崩後登基，歿於 1936 年 1 月 20 日。為英皇愛德華七世次子，封約克公爵，由於愛德華七世的長子早逝，1879 年他成為王儲。喬治五世即位後，國內外都局勢不穩，他進行憲法修正案平衡上下議院權力，以和解政策解決愛爾蘭衝突。他還經歷 1914 年的第一次世界大戰和 1929 年的全球經濟大蕭條。這名深受英國人民愛戴的明君在 1936 年逝世時，舉國哀痛，有近 100 萬人前去大教堂憑弔。

▲ 喬治五世

愛集郵的鬍鬚佬

另外，喬治五世在 14 歲開始集郵，主要收集英國與英屬郵票，他很早就收集帶號碼銘版的邊角位置方連，並在郵王費拉里（Philippe Von Ferrary）等人的郵集中購得大量珍品。1893 年他加入倫敦集郵會，後來該會易名為倫敦皇家集郵學會（Royal Philatelic Society），並曾任會長。英國皇家郵集作為目前世界上最完美的郵集之一，喬治五世的貢獻良多。

1912 至 1937 年，香港發行英王喬治五世像普通郵票，由於喬治五世長滿鬍子，香港郵友冠以 "鬍鬚佬" 雅號。

▲ 光頭佬（左）與鬍鬚佬（右）通用郵票。

▲ 喬治五世高面值 10 元郵票，複印皇冠 CA 水印，二組四方連連體分別附版票版號（A32）與（U29），罕有。A 版的版式大部分被郵局取去加蓋客郵 CHINA 字樣使用。

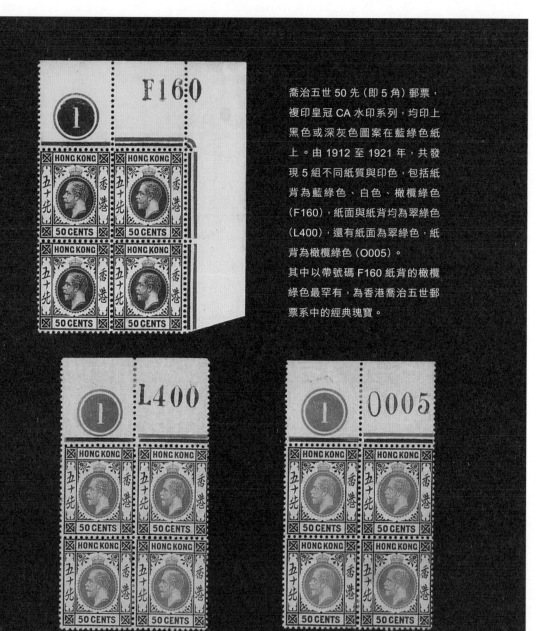

喬治五世 50 先（即 5 角）郵票，複印皇冠 CA 水印系列，均印上黑色或深灰色圖案在藍綠色紙上。由 1912 至 1921 年，共發現 5 組不同紙質與印色，包括紙背為藍綠色、白色、橄欖綠色（F160），紙面與紙背均為翠綠色（L400），還有紙面為翠綠色，紙背為橄欖綠色（O005）。

其中以帶號碼 F160 紙背的橄欖綠色最罕有，為香港喬治五世郵票系中的經典瑰寶。

為一戰傷兵募捐的賣物會印戳

　　1917 年 11 月 30 日由蘇格蘭人在香港舉辦戰爭慈善賣物會，名為聖安德烈賣物會（St. Andrew's Fair），為了在第一次世界大戰受傷的蘇格蘭傷兵籌募災款。舉行地點為當時皇后大道中的美利操場（今長江集團中心位置），該操場是昔日軍隊演習和步操的地方。

　　當日賣物會以香港第二間臨時郵局的身分，提供臨時郵局紫色橡皮印戳，方便賣物會嘉賓附寄郵件紀念之用，可見封上戳印寫有 "St. Andrew's Fair / Hong Kong"。由於 11 月 30 日賣物會完結後翌日 12 月 1 日為星期日假期，故信件只好留待下一個工作天即 12 月 2 日（星期一）補蓋郵政總局戳印後寄出。圖中信函除寫有寄往廣州的字眼外，封底並附有 12 月 3 日廣州到達戳印。當時這款紫色臨時戳印曾遭香港郵政當局否決承認，雖然如此，現存的該郵戳紀錄估計約有 25 枚，為臨時郵局郵戳系列中最罕有的一種。

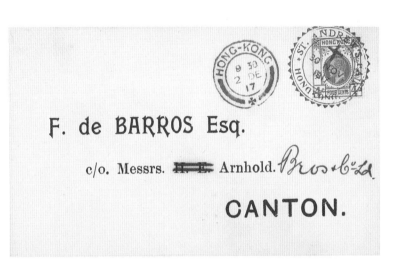

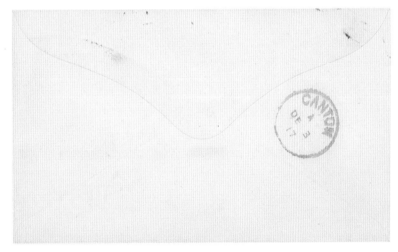

The Chinese Celebration - Arch of Queens Road, E.
PEACE CELEBRATION DAY AT HONGKONG 18-19TH JULY 1919

◀ 圖中是灣仔皇后大道東大佛口（約在軒
尼詩道和莊士敦道與軍器廠街交界）的
一座牌樓，是為紀念第一次世界大戰結
束而搭蓋的。相片下寫"的在皇后大道東
彎角位置的中式慶祝方式/1919 年 7 月
18-19 日香港慶祝和平"。貼 4 仙喬治五
世通用郵票，銷 1919 年 9 月 22 日戳印。

郵歷
香江

第五章

慶祝英君登基周年紀念

喬治五世登基銀禧紀念郵票（1935年）

　　香港第一套紀念郵票於 1891 年發行，首天發售時引起騷亂，導致 3 人死亡，香港郵政延至 40 多年後的 1935 年，才發行第二套紀念郵票——喬治五世登基銀禧紀念郵票。

　　1929 年全球經濟大衰退，到了 1935 年危機才漸告緩和。反觀香港，因當時中國正處於內憂外患之時，國共內戰自 1929 年始引起多場內戰，1931 年日本在東北發動九一八事變，1934 年紅軍展開長征。內地戰雲密佈，中國的游資和人口大量湧入香港，以白銀為本位的港幣因世界銀價上漲而變強勢（同年 11 月才跟隨中國，港幣與白銀脫鈎），使香港幣值變得較為穩定，因此當局願意出資為喬治五世登基的銀禧紀念（25 周年）作盛大慶祝。

銀禧紀念大典

　　銀禧會景分三日三夜在港島舉行，因交通運輸問題，不能移往九龍舉行。日間會景巡遊和晚間燈會則分別在東區、中區和西區舉行，內容有舞金龍、瑞獅、踏高蹺、佛山秋色（意指秋收花燈巡遊）、飄色，加上各類彩燈紮作，行列長達數里，日間要花三小時才能看完。當時可謂盛況一時，由於不少內地居民來港觀看"出會"，各大小酒店旅館皆盡爆滿。

　　為紀念是次盛事，政府將當時位於荃灣正在建築的城門水塘改名為"銀禧水塘"（Jubilee Reservoir）。而 1935 年 6 月新落成的由銅鑼灣開始、經北角到西灣河西部的道路，亦因此命名為"英皇道"（King's Road）。

1935 年在德輔道中與畢打街交界，可見郵政總局外擠滿市民觀看 ▶
出會情況。

銀禧紀念郵票

　　1935 年 5 月 6 日香港發行喬治五世登基銀禧紀念郵票。郵票以喬治五世像和英國溫莎堡 (Windsor Castle) 為背景，一套四枚面值為 3 仙、5 仙、10 仙及 20 仙。出售期為 5 月 6 日至 12 月 31 日，1956 年 9 月 1 日宣佈停用。香港跟英國及其他英屬地共發行 250 枚紀念郵票，其中香港與 44 個英屬地區的郵票圖案相同。

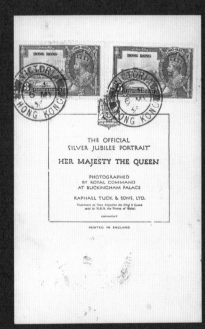

▲ 1935 年喬治五世與瑪麗皇后銀禧紀念郵票首日明信片（封面及背面），罕有。

▲ 1935 年喬治五世銀禧紀念郵票，貼附於《南華早報》（*South China Morning Post*）首日封。附上登報費用的收據。

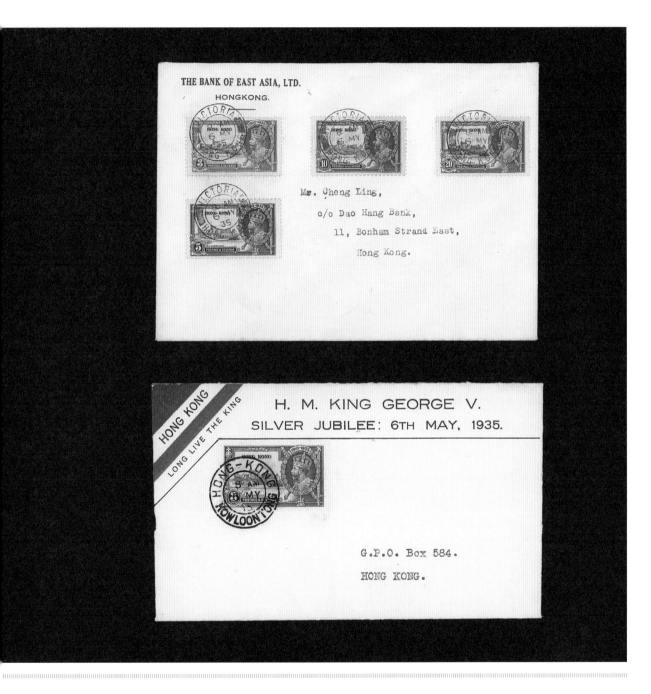

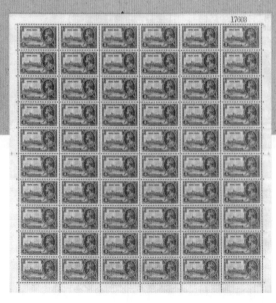

　　圖中所示為夾附喬治五世銀禧紀念郵票所用的厚卡紙板，郵票於英國（Bradbury Wilkinson）印製後，再切開成付貨尺寸，為防郵票因碰撞而破損，故以硬咭紙夾附運載至目的地。咭面招紙填寫相關郵票說明資料，可見列出所屬付貨地區（香港）、包裝日期（1935 年 1 月 10 日，距發行日期相隔 4 個月）、郵票面值（3 分）、數量（60 枚 X 500 版＝3,000 枚）、印於每版郵票的連續編號（由 02001 至 02500）。以上是一份研究喬治五世銀禧紀念郵票的重要資料檔案。

◀ 喬治五世銀禧紀念，全版3分版票。

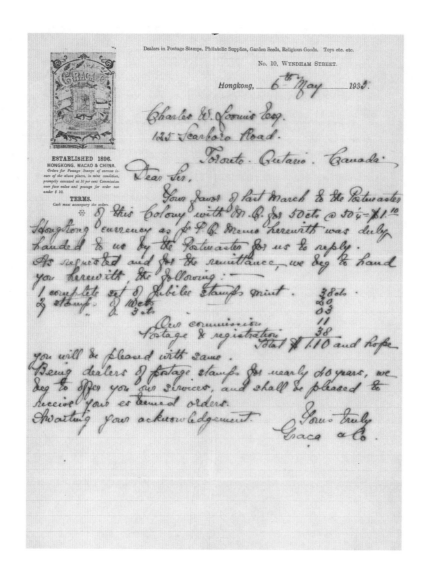

上圖是著名葡籍香港郵商法蘭西斯‧嘉撒（Francisco M. P. de Graca）所經營的 Graca & Co.，為客人訂購喬治五世銀禧紀念郵票時，他連同親筆信件、匯款收條及當日連專用圖案信封，一併寄給客人。

信件內容敘述收到來自加拿大的 Charles W. Louis 合共港幣 1 元 1 角的匯款,是用以訂購喬治五世銀禧紀念郵票的費用,現寄信回覆對方,購買費用細分為:

1 套 4 枚紀念郵票,面值 3 角 8 分。

2 枚 10 分郵票,面值 20 分。

1 枚 3 分郵票,面值 3 分。

佣金 1 角 1 分。

耗用郵票及掛號寄出費用共 3 角 8 分,合計共 1 元 1 角。

從匯款收條顯示收到該筆款項(1 元 1 角)的日期為 1935 年 4 月 2 日。Graca & Co. 賺取的 1 角 1 分佣金,已相等於當時 1 個普通工人的 1 日工資了。

頁 91 的信封頂部印有黑色字體香港喬治五世銀禧紀念首日發行日期字樣,貼全套郵票首日掛號,於 1935 年 5 月 6 日寄出,封背有 6 月 2 日與 6 月 3 日多倫多到達戳印,信封背後有 Graca & Co. 專用公司完整紅色火漆封口。

該封為 Graca & Co. 圖案信封系列中最罕有的一種,至今只發現該封紀錄,為一封極有歷史價值的喬治五世銀禧紀念文件檔案。

信內亦提及 Graca & Co. 於 1896 年開業至該年超過 40 年,為最早期的香港著名郵商。早期商舖設於香港大酒店地下,即今日畢打街匯豐銀行對面置地廣場地舖位置,後遷往雲咸街 10 號。

嘉氏於 1946 年 8 月下旬逝世,正是香港勝利和平紀念郵票發行前的幾天。

(M.O. 87)

MEMORANDUM.

From

MONEY ORDER OFFICE

G.P.O. HONG KONG.

UNION POSTALE UNIVERSELLE

POST CARD

To **Messrs. GRAÇA & Co.**

HONGKONG HOTEL BUILDING

HONGKONG.

▲ Graca & Co.回郵給訂購者的匯款收條等資料。

Graca & Co. 的首日封系列

▲ Graca & Co. 所製的純文字喬治五世銀禧紀念首日封系列，一套四枚組合，均為帶版票號碼四方連連體，罕有。

▲ 除了純文字印製的首日封外，Graca & Co. 尚有其它帶圖案首日封，
包括：藍色大圓形圖案、黑色大圓形圖案、黑色小圓形圖案。

▲ 喬治五世銀禧紀念中文圖案首日封，封上四方連連體均帶相同號碼 0003，為在流存民間中最早的號碼紀錄。封上附有第 18 任港督貝璐（William Peel）與第 24 任郵政司 M. J. Breen 的親筆署名。

▲ 港督貝璐

▲ 1993 年香港郵政發行經典郵票系列第二輯小型張首日封，設計概念以 1935 年喬治五世登基
銀禧為藍本。封上附郵政署長栢景年（M. Pagliari JP）署名。上圖為正式首日封樣式，下圖為
錯體版本，封上小全張發現裁切口右移，罕有。

第二部 | 第六章

二戰中的口吃英王

喬治六世加冕及銀婚紀念郵票（1937年及1948年）

　　愛德華八世（King Edward VIII）生於 1894 年 6 月 23 日。1936 年 1 月 20 日，在喬治五世駕崩後登基，在位僅 325 天，至 1936 年 12 月 11 日便退位給其弟喬治六世（King George VI）。當時愛德華八世未有正式加冕，在政府、人民和教會的反對下，為了迎娶離婚婦人辛普森（Wallis Simpson）而放棄帝位，登基未及一年。

　　其弟喬治六世生於 1895 年 12 月 14 日。1936 年 12 月 11 日，接任兄長愛德華的皇位，並封其兄為溫莎公爵。1937 年 5 月 12 日喬治六世加冕繼位，直至 1952 年 2 月 6 日逝世。

▲ 愛德華八世　　　　　　　　　　　　　▲ 喬治六世

愛德華八世訪港

　　1922 年 4 月 6 日，愛德華尚未即位為王，他以王子身分訪港，在中環卜公碼頭登岸，港府舉行盛大的歡迎儀式，並在皇后像廣場蓋搭一座王子專用的行宮。

　　王子在港的活動包括閱兵、在銅鑼灣打馬球、為聖士提反女子中學奠基，並巡視九龍，期間參觀了一條主要道路的興建工程，為紀念此事，把該道路命名為英皇子道，後因跟英皇道名稱相近，為免誤會改稱太子道。

▲　皇后像廣場附近佈置華麗，市民可入來參觀。

◁ 正進行閱兵儀式。

◁ 圖中為乘坐八人
大轎前往港督府
的皇儲愛德華，
右方為時任港督
司徒拔（Reginald
Stubbs），他們正
途經干諾道中，
中後方為第三代
郵政總局。

加冕紀念郵票

　　1937 年 5 月 12 日，香港發行喬治六世加冕紀念郵票，是為香港第三套紀念郵票，有 4 仙、15 仙及 25 仙三種面值。香港跟英國與其它 57 個地區共發行了 202 枚郵票以紀念該項盛事。喬治六世是位廣得民心的君主，他不愛裝腔作勢，很清楚自己的欠缺之處，努力地克服自幼的口吃毛病，不失一國之君的威嚴。在二戰期間他主張留在英國，堅持與軸心國作戰，是歐洲地區中少數能抵抗德國入侵的國家，贏得了民眾的尊重和信任。

　　戰後喬治六世健康急速惡化，由於長期吸煙，患有嚴重肺癌。1952 年 2 月 6 日，因血栓閉塞在睡夢中去世。

▲ 喬治六世加冕郵票版票版號，慣常列印於版票右上角，如號碼印錯或損壞便需要作補版再印，如下圖所示 S07917 其補版的英文字母 "S" 與上圖正常版式不同。

▲ 香港郵政發行喬治六世加冕紀念郵票，由香港郵政署（General Post Office）寄出的官式首日封。

▲ 香港喬治六世加冕紀念郵票首日封，附有喬治六世夫婦的相片在封左，封上郵票均附相同版票號碼 (S00018)，"18" 為中國人喜愛的幸運元素，寓意 "實發"。

銀婚紀念郵票

　　1948 年 12 月 22 日香港發行喬治六世銀婚紀念郵票，是香港第六套紀念郵票。郵票由 Bradbury Wilkinson 與 Waterlow & Sons 印製，圖案以喬治六世和伊利沙伯王后為背景，1 套 2 枚郵票面值為 1 角和 10 元，出售日期由 1948 年首日發行至 1956 年 9 月 1 日停用。郵票人像攝影由宮廷女攝影師（Dorothy Wilding）攝製，香港跟英國與其他 68 個英屬地區共發行 138 枚郵票紀念該項盛典。

　　發行此銀婚紀念郵票時，適逢英國舉辦第 14 屆奧運會，奧運需耗用龐大開支，使因二戰經濟元氣大傷的英國更形緊絀。為了彌補奧運會的龐大支出，便發行高面值郵票向各殖民地銷售，以填補國內銀根短缺。香港的紀念郵票面值是 1 角和 10 元，其他地區發行的面值也很高，當時皇家郵學會和郵商協會亦曾為此向當局抗議。

　　香港戰後到了 1948 年才逐漸恢復元氣，當中不少有餘資的人熱衷購買該套郵票，亦有投機者炒賣，至使首批郵票運送到香港的 15,000 枚 10 元郵票很快便售罄，但皇家代辦處（Crown Agents Stamp Bureau）備有大量存貨，令該套郵票售價於發行後的十多年依然未能上升，投機者囤積該票一段時間後，亦以低於郵票面值拋售。直至 70 年代香港經濟日趨繁榮，

▲ 1948 年 12 月 22 日喬治六世和伊利沙伯王后的原圖卡明信片，貼喬治六世銀婚紀念一角郵票，銷油麻地分局印戳。

▲ 高面值 10 元相連連體帶版票編號 "088"，寓意 "發發" 之意，是中國人喜愛的幸運元素，罕有。

該票價值才穩步上升，站穩香港紀念票系列中罕貴郵品之一。

付貨代號和編號（Requisition Letters and Numbers），現今通稱為版票版號或印刷張號，郵票由皇家代辦處於每次付運郵票到香港時，於每張版票印上連續的編號，每次都由"001"開始，號碼之前印上英文字母用以代表某次付貨的代號（銀婚郵票未有安排印上英文字母）。

此套銀婚 10 元郵票由（Bradbury Wilkinson）用雕刻凹版（Recess engraving）方式印製，10 元郵票共印製 135,000 枚（即 2,250 全版郵票 X 60 枚／1 版），其中 120,000 枚，即 2,000 版，交皇家代辦處備用，餘數第一批 15,000 枚，即 250 版於 1948 年 8 月 30 日送運到香港郵政作首日（12 月 22 日）發售之用。當第一批郵票售完後，代辦處於 1949 年 2 月 9 日再運送第二批 20,040 枚，即 334 版至香港。最後香港郵票專家 Robson Lowe 確認記載，共售出的 10 元郵票共 27,621 枚，即約 460 版。

帶有版票編號的 10 元銀婚郵票十分罕有，因在第一批的 2,250 版的發行量中，帶版票版號的僅發現 200

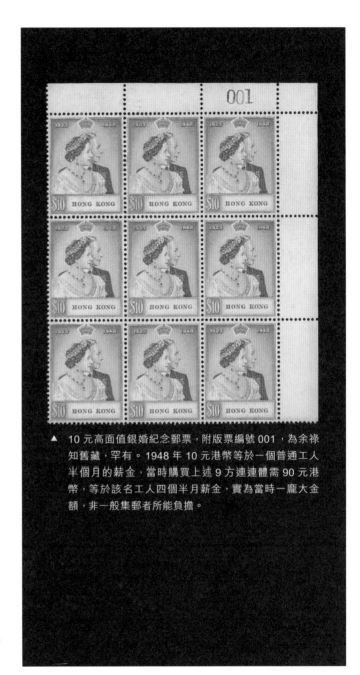

▲ 10 元高面值銀婚紀念郵票，附版票編號 001，為余祿知舊藏，罕有。1948 年 10 元港幣等於一個普通工人半個月的薪金，當時購買上述 9 方連體需 90 元港幣，等於該名工人四個半月薪金，實為當時一龐大金額，非一般集郵者所能負擔。

多版。從紀錄中所得最晚編號為 235 張號，筆者估計皇家代辦處於 1948 年 8 月 30 日運送第一批共 250 版到港前，在版票印上張號 "001-250"，作為指定付貨版票編號記錄。當該批郵票售完後，備用的第二批運送至香港的全版郵票相信皆沒有印上版票張號。頁 105 的圖即該

票系列的第一版編號 "001" 示範例子，罕有。

以下是 1948 年 12 月 22 日的中國郵學會銀婚紀念首日封。封上銀色印框印刷時位置向右 90 度移位，為首枚發現的中郵會錯體封。由於印刷用紙未製成信封前為正方形，印刷銀色時，工人未察覺擺放紙張的角度轉了 90

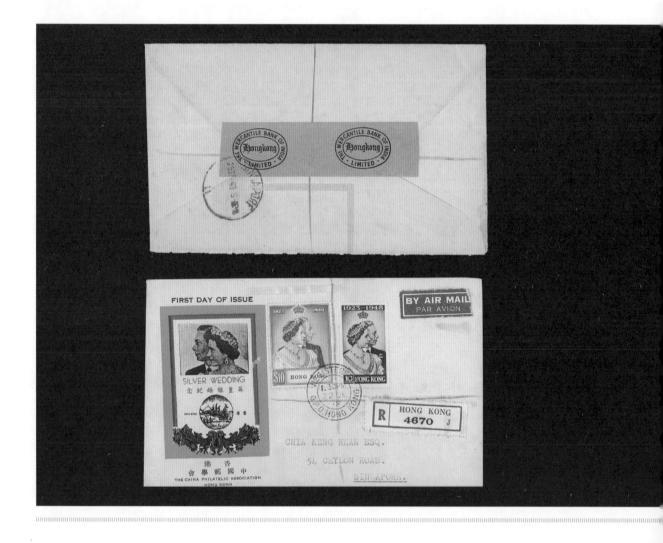

度，原來銀框錯印在信封頂部位置。製成信封後，銀色印框大部分摺在封底，封面只露出少部分邊框，逃過郵會檢查員的"法眼"。擁有該錯體吉封的會員不知有意或無意，把這信封作首日蓋戳寄往新加坡，造成該封成為郵會首日封的重要檔案紀錄。

該首日封由有利銀行（Mercantile Bank of India）寄出。該銀行於 1857 年 8 月 1 日開業，是第二間在香港開業的銀行，1862 年獲准發行港元鈔票，至 1959 年被香港上海滙豐銀行收購。

▲ 1948 年香港郵學會銀婚紀念（綠色字體）首日封，尚有其它版本為銀色字體大封與小封兩種。

二戰前的香港面貌

香港開埠百年紀念郵票（1941年）

1941 年 1 月 26 日是香港開埠一百周年紀念，但當時正值第二次世界大戰，戰雲密佈，日本在亞洲區向中國發動攻勢，德國、蘇聯兩國亦處於緊張局面，香港沒有任何慶祝活動，當局只發行了一套紀念郵票。該套紀念票由英國 Bradbury Wilkinson & Co. 印製，是首套以英皇喬治六世和加入香港景點為主題的郵票，為香港第四套紀念郵票，共分為 1 套 6 枚組合：2 分為香港街道風景、4 分為蘇格蘭皇后號和中式帆船、5 分為香港大學、15 分為海港、25 分為滙豐銀行、1 元為帆船和中國飛剪號。各枚再配以象徵吉祥的蝙蝠圖案。郵票及首日封的設計師為任職工務局的高級繪圖主任鍾惠霖，鍾氏不單是位集郵家，也是一位藝術家，可是這套郵票因戰事而延遲運抵本港，以至發行日期推遲到 2 月 26 日。

▲ 貳分

▲ 貳角伍分

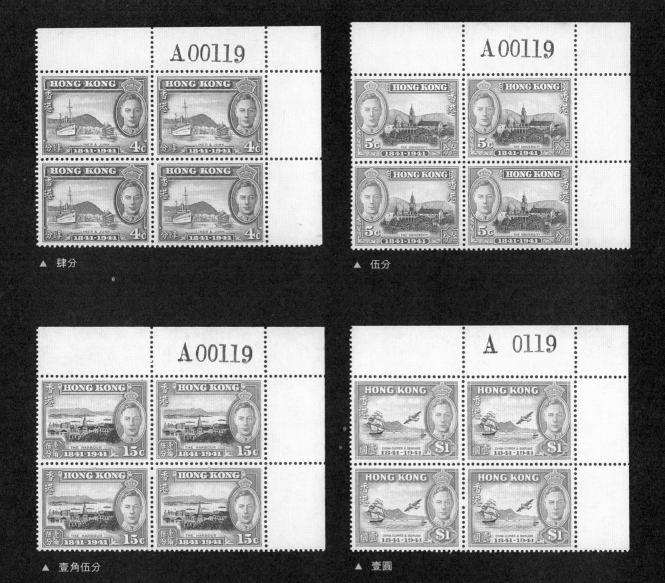

▲ 肆分

▲ 伍分

▲ 壹角伍分

▲ 壹圓

2分郵票

　　相中街景為皇后大道中往上望閣麟街的
位置,郵票中的圖就如相片的取景,靠右可見
廣告牌永春堂參茸熟藥,該店原為恆芳雀鳥舊
址。19世紀末閣麟街上不少店舖均以售賣飼
養雀鳥為主,故又稱雀仔街。永春堂背後曾有
一回春堂,後來遷往士丹利街與閣麟街交界位
置,稍後易名為春回堂並營業至今。

▲　閣麟街

4 分郵票

郵票主圖中，左邊的郵輪是加拿大昌興輪船公司（Canadian Pacific）擁有的日本皇后號（Empress of Japan），1903 年建造，排水量為 26,032 噸，長 666 呎。1929 年 12 月 17 日下水，1930 年首航，每小時速率達 22 海浬，創立中國與加拿大溫哥華的航行新紀錄。在二戰爆發後，該客輪用來運送士兵，當 1942 年太平洋戰爭時，日本與英國敵對，日本皇后號於 1942 年 10 月 16 日改稱蘇格蘭皇后號（Empress of Scotland）。1957 年被售出後，於 1966 年毀於火災後退役，被當作廢鐵變賣。

4 分郵票右邊則為一艘中式帆船。中國帆船是中國獨創的帆船類型，相傳於公元前 200 年的漢朝已經存在，經過改良及演變後，至 20 世紀仍然活躍於中國近海，多用作貿易及運載。

▲ 4 分郵票上的輪船蘇格蘭皇后號曾於該船塢維修。

▲ 黃埔船塢。4 分郵票上的輪船蘇格蘭皇后號曾於該船塢維修。

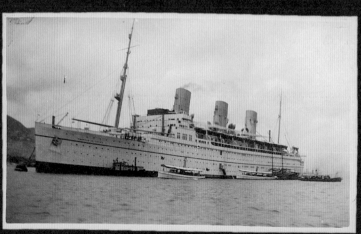

▲ 蘇格蘭皇后號

▲ 1930 年黃埔船塢。前方輪船為昌興輪船公司所屬的蘇聯皇后號，左方為
　蘇格蘭皇后號（今黃埔花園黃埔號位置）。

▲ 維港上的帆船。

J. J. FORSTER, Esq.

Steamship General Passenger Agent,

~~General Agent, Passenger Department~~

Canadian Pacific Railway Company,

VANCOUVER, B.C.

▲ 昌興輪船公司封，左上的公司標誌亦以蘇格蘭皇后號為圖案。

5 分郵票

▲ 香港開埠百年紀念郵票
5 分，主圖為香港大學，
1941 年發行。

◀ 香港醫學百周年
紀念郵票 5 角，
主圖為香港西醫
書院 (香港大學
前身)，1987 年
發行。

▲ 香港大學 50 周年紀念
郵票 1 元，主圖為香港
大學校徽，1961 年發
行。

◀ 香港市區傳統建
築物紀念郵票 1
元 3 角，主圖為
香港大學，1996
年發行。

◀ 孫中山誕生 140
周年紀念郵票 1
元 4 角，主圖為
孫中山現存最早
照片，1883 年攝，
2006 年發行。

▲ 香港大學百周年紀念票 1 元 8 角，主圖為 1912 年香港大學建築物，2011 年發行。

15 分郵票

以下彩色明信片是從山頂遠眺中環及尖沙咀景色,尖塔為香港佑寧堂(Union Church Hong Kong)。1844 年,該教堂最早建於荷李活道(卑利街與嘉咸街之間),後不敷應用,於1865 年遷往士丹頓街,至 1890 年再遷到堅尼地道(郵票上位置)。日治時期,教堂遭受嚴重破壞,1949 年新教堂於原址重建完成後開放使用。

佑寧堂由理雅各博士(Dr. James Legge)創立,他以傳教士身分來港傳揚基督教,在香港開辦多間學校,包括英華書院。他亦是中央書院即皇后書院前身的創辦人,理氏致力發展教育,推行中英雙語教學,為香港教育制度奠定基礎。他亦是一名著名的漢學專家,翻譯了很多中國古籍專書,包括了儒家和道家的經書。

▲ 跟郵票取相近角度的明信片。

從香港動植物公園東望佑 ▶
寧堂,前方斜路為山頂纜
車路軌。

25 分郵票

郵票中是 1870 年代的中環海旁（後易名寶靈海旁，即今德輔道中／電車路），梯型頂的建築物為第三代香港上海滙豐銀行（The Hong Kong Bank）。香港上海滙豐銀行由蘇格蘭人湯馬士‧修打蘭（Thomas Sutherland）於 1865 年在香港創辦，1865 年起租借位於皇后大道中一號的獲多利大樓（Wardley House）部分位置為行址，後來更購買了該地成為總部，至 1882 年為第一代香港上海滙豐銀行辦事處。

郵票的最右方是渣甸洋行（Jardine, Matheson & Co）（今會德豐大廈位置），旁邊是畢打街，後為顛地洋行（Dent & Co），顛地曾是本港著名的英資洋行，惟於 1867 年倒閉。

▲ 第一代滙豐銀行在相片正
中央遠岸的位置。

Hongkong mit dem Pik.

第二代滙豐銀行在相片 ▶
正中央、靠岸的四層高
建築物。

第二代滙豐銀行總行

▲ 1886 年建成的第二代滙豐銀行總行大廈，此大廈前後方的建築風格截然不同，面向德輔道中的一邊以拱形走廊為主。

▲ 約 1905 年，第二代滙豐銀行面向皇后大道中的一邊，以維多利亞的柱廊及圓拱屋頂為主。後來銀行左側的部分建築，成為渣打銀行。圖左為政府山。

▲ 相片左邊是建於 1912 年的最高法院，中間是建於 1896 年的維多利亞銅
像，後方為第一代大會堂與右鄰的第二代滙豐銀行。

▲ 滙豐銀行 1955 年發行的 10 元鈔票。鈔票中的建築物正是第二代滙豐銀
行。

第三代滙豐銀行總行

▲ 第二代滙豐銀行於 1933 年拆卸，併合相鄰的舊大會堂部分地段興建第三代總行大樓。大理石結構的品字型滙豐大廈於 1935 年啟用，是當時遠東的最高建築物。

▲ 1953年為慶祝伊利沙伯二世加冕,港九各主要建築物均陳設飾物慶祝該項盛事。

▲ 1961年由著名童星馮寶寶主演的電影《飛天小俠》,正揪着另一角色梅欣飛過第三代滙豐銀行上空。

▲ 1965年滙豐銀行百年服務紀念特刊,內容提及由當年3月3日開始一系列的發放煙花盛典,百年賽馬紀念盃賽等。(滙豐銀行於1865年3月3日創立)

滙豐銀行前的兩頭青銅獅子於1935年第三代總部時鑄造的,1944年日治時期它們險被日本熔掉以備戰爭物料之用。大戰結束後,1945年於日本大阪發現它們,並於翌年運返香港,才幸得保存。兩頭銅獅分別代表1910年代上海分行總經理施迪(G. H. Stitt)及1920年代的香港總司理(A. G. Stephen),前者為閉口者,後者為張開口者。長久以來,銅獅已成為滙豐銀行鈔票的指定圖案,亦為幾代香港人提供重要的集體回憶。相片為作者吳貴龍的兒子與銅獅(Stitt)合照。

第四代滙豐銀行總行

　　現時的總行大樓已是第四代，於 1985 年落成，樓高 180 米，整座建築工程耗資 50 億港元。而滙豐於 1865 年發行鈔票至今，其總行大廈及青銅獅子都曾在不同年代的鈔票上用作背景圖案。

　　下圖為 1986 年 4 月 7 日第四代滙豐銀行開幕首日封，封上有第四代總部建築、銅獅及 1941 年開埠百年紀念票 25 分的郵票圖案，紀念郵票則為第四代總部建築。當時港督尤德爵士（Sir Edward Youde）主持揭幕典禮，亦首次發行 20 元鈔票。

　　右頁明信片上貼有香港特別行政區成立紀念郵票，1.6 元面值的郵票以三間香港發鈔銀行為圓圈內背景主圖（從左至右：渣打銀行、滙豐銀行、中國銀行）。而明信片為 1870 年的中環海旁。左方第一座建築物是獲多利大樓，於 1865 年至 1882 年間為第一代香港滙豐銀行辦事處。該片銷 2015 年 3 月 3 日戳印，因當日為滙豐銀行 150 周年誌慶。滙豐銀行亦發行 150 元紀念鈔票，紀念鈔票版式分為 AA、AB、HK 與圖中限量 9,999 枚的 HSBC 版式，附圖為限量版編號 HSBC1234。

壹元郵票

　　郵票中的遠景為啟德機場，當年山景處處，一片荒蕪，機場的規模只可升降圖中的水上飛機（中國飛剪號 China Clipper）。該飛機由馬丁公司售與泛美航空公司，提供橫越太平洋飛行服務的全金屬飛船，航線由三藩市往來香港，途經檀香山、關島、菲律賓、澳門及中國等地。

　　香港航空事業具有悠久歷史，首次飛行是在 1891 年，第一個熱氣球在本港升空，而 1936 年，啟德機場開始提供來往香港的客運服務。由於機場位處市區，飛機降落須低空飛越九龍城等密集市區，故飛機着陸的驚險景象而聞名全球。隨着機場客貨量上升，當局在啟德以西約 27 公里的赤鱲角興建新機場，於 1998 年 7 月 6 日正式啟用。

▲　啟德機場上空的九龍城鳥瞰圖。

　　本書第一部分第五章介紹了香港航空郵政發展、1984 年發行的香港航空事業紀念郵票及 2011 年的香港動力飛行百周年紀念票。以下講述一下香港第一間提供民航服務的航空公司——國泰航空。國泰航空（Cathay Pacific）於 1946 年 9 月成立，二戰結束後，購買了首架軍機，改裝成民用機，並命名為貝斯（Betsy），現存放於香港科學館。2016 年為國泰航空成立 70 周年紀念。

◀ 存放於香港科學館的 Betsy。

▲ 1983 年 4 月 24 日，Betsy 在香港上空飛行一周。

FIRST FLIGHT

CPA

Cathay Pacific Airways

LOCKHEED
PROP-JET ELECTRA
with GM JET POWER

Allison 501 Prop-Jet Engines and
Aeroproducts 606 Turbo-Propellers

V. Quealy, M.B.E.
Victoria Barracks
St. Kilda Road
Melbourne, Vic.,
Australia

c/o Cathay Pacific Airways
SINGAPORE

▲ 1959 年 4 月 24 日，國泰航空公司首航封，為展示國泰航線推出速度更快的洛歇電
星客機（Lockheed Prop-Jet Electra）而印製的首日封。

CATHAY PACIFIC AIRWAYS, LTD.
G.P.O. BOX 1, HONG KONG

First Day Cover
Aviation in Hong Kong

DC3
B747
DC4
L1011
DC8
B707
Electra
CV880

7th March, 1984

The Office Manager
Tenneco Oil of Canada
700 4th Ave. SW
Calgary, AB T2P OKI

AIR MAIL

▲ 1984 年 3 月 7 日國泰航空首日封。

2006 年國泰航空公司發行 60 周年明信片，圖左為 1946 年國泰第一代空姐（機艙服務員）制服，其服飾以二戰軍服為藍本，圖右為 1950 年的制服，至 1962 年制服主顏色由藍色轉為紅色並沿用至今。

◀ 國泰航空第一代機票。

版票編號與版銘

在郵票印刷後，每次付運郵票到港前，都會在每款不同面值郵票的右上角印上版票編號（大部分早期郵票號碼的位置）如右上的 A7137。如發現號碼印錯或損壞，則會印在郵票其它紙邊或任何方便的位置補印，即補版號碼如右下的 A063。每次都由 1 號開始，號碼前會附上英文字母，用以代表該次發行日期和付貨的號碼代號，而帶有相同號碼版票編號的香港開埠百年紀念連體郵票更為罕有，相信不超過 10 組。

補版號碼除了大部分字體較小外，數目由原本四位數會省略為三位數，亦另外發現有號碼印於版票下紙邊或中間位置。

郵票的票邊，一般都印有版銘、標記及圖飾。這些銘記與郵票、郵政有密切關係，是研究郵票印刷版次、印次的重要依據，同時又是一種知識豐富、別致的收藏品，因此，集郵愛好者一般不會輕易撕掉印有銘記的票邊。

在香港開埠百年郵票印刷版式中，是為香港第一套帶有印刷廠銘的郵票（見右頁），與印刷版式並列於版票最下紙邊的右方，全組印刷版式共分 18 個組別。（2 分、4 分、15 分、25 分、1 元）只有兩種版式，5 分印量最多，共錄得 8 種版式。

版式種類	2分	4分	5分	15分	25分	1元
11	√	√	√	√	√	√
12			√			
21			√			
22			√			
1a1a	√	√	√	√	√	√
1a2a			√			
2a1a			√			
2a2a			√			

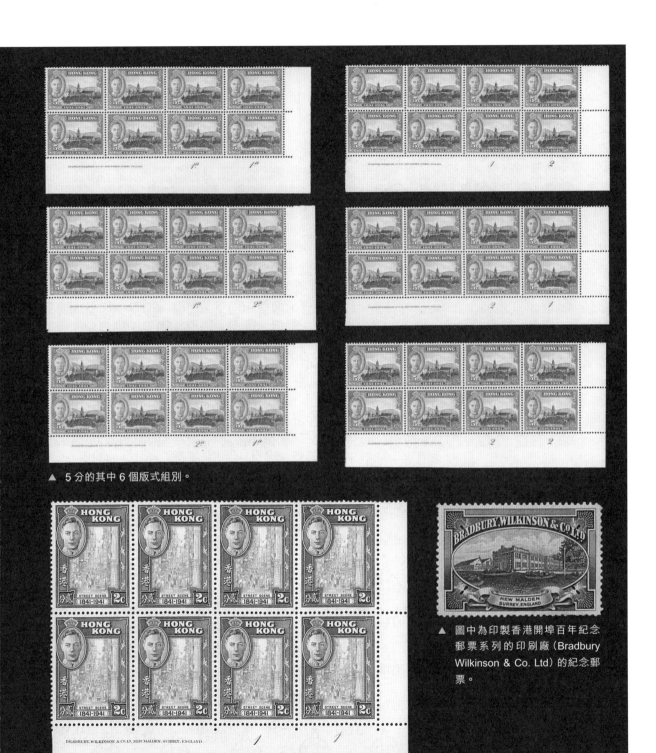

▲ 5分的其中6個版式組別。

▲ 2分的 "11" 版式。

▲ 圖中為印製香港開埠百年紀念
郵票系列的印刷廠（Bradbury
Wilkinson & Co. Ltd）的紀念郵
票。

香港開埠百年紀念郵票首日封，信封圖案由該郵票設計師鍾惠霖繪製設計，市面上所見大部分為長型首日封（見第一部分第二章），而短型首日封大部分只貼1枚至3枚郵票蓋印，因此下圖一枚貼齊全套紀念郵票短型首日封的例子十分罕有。

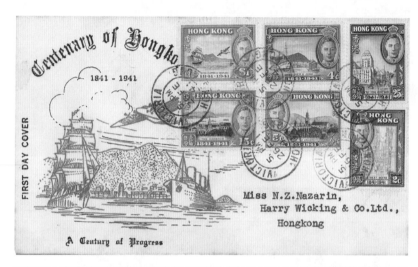

郵票設計師的重光紀念

　　香港開埠百年紀念郵票本在 1941 年 2 月 26 日香港發行，當時設計師鍾惠霖於 1941 年在香港寄出該信給居於澳洲的妻子，但因正值日治時期，鍾氏被扣留在赤柱集中營中，至 1946 年重光一周年，鍾氏被釋放後返回澳洲，並於該封背後署名，以作留念。首日封封面左下角附有鍾氏親筆縮寫署名，封底左特別蓋上鍾氏在九龍金馬倫道的住址。此為一封有價值的香港開埠百年重要歷史文件。

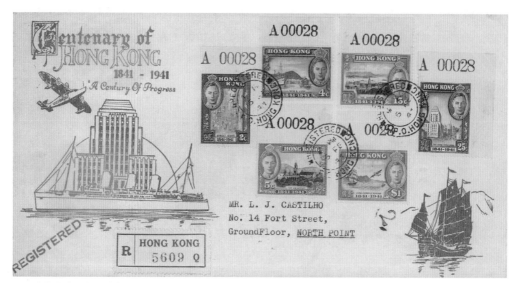

▲ 香港開埠百年紀念圖案首日封。封上每枚郵票均帶相同版票版號（28），寓意 "易發" 之意，是中國人喜愛的幸運元素。

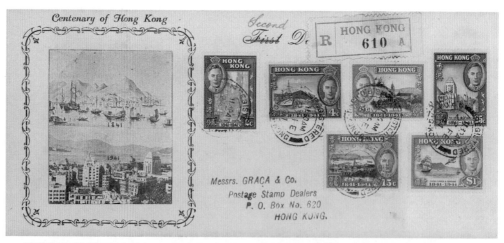

▲ 香港開埠百年翌日紀念封（1941 年 2 月 27 日），紀念封由著名葡籍郵商 Graca & Co. 印製。

香港郵學會（Hong Kong Phil-
atelic Society）香港開埠百年紀念首
日封系列，會徽分 5 種顏色，湖水
藍、淺草綠、紅色、深寶藍色及全
黑色，其中深寶藍色（中間圖）和
黑色（最下圖）最罕有，為至今發
現的僅有例子。香港郵學會的首日
封亦由該套郵票設計師鍾惠霖設
計，會徽右下角有鍾氏品字型（W.
E. J）的縮寫。

香港郵學會於 1921 年創會，
早期中文名稱為香港郵票收集會
所，後易名為香港郵學會，簡稱西
郵會。1941 年的香港開埠百年紀
念首日封為該會第一枚首日封。而
湖水藍會徽（最上圖）的首日封上
的收件人 René OHL，為香港郵學
會前會長。

香港重光

勝利和平紀念郵票（1946年）

1941 年 12 月，香港已被二戰的戰雲籠罩，港府加快疏散外籍僑民。12 月 8 日，日軍轟炸啟德機場，香港形勢愈趨惡劣，九龍及新界於 12 月 12 日相繼淪陷，日軍於 12 月 18 日登陸港島，經過多場慘烈的攻防戰後，到了 12 月 25 日黃昏，港督楊慕琦向日軍投降，結束 18 天的交戰，香港終告淪陷，成為日本（大東亞共榮圈）的一部分，踏上三年零八個月的艱苦歲月。

日軍於 1942 年在香港成立總督部時，以各種嚴苛措施包括強行徵募資源如存倉貨物、車輛、金屬、糧食，又濫發軍票來吸納港幣。日軍亦強行將市民遣返到中國內地，把戰前香港的 160 萬人口縮減至 50 萬，方便管理。至於不幸滯留在港的外國人，則多被囚禁於拘留營中任其自生自滅。同時，日本憲兵以殘酷手段對待港人，當局並嚴密監管市民的活動及遷移，盟軍空襲更不時誤炸民居，傷亡慘重。

日軍因太平洋戰爭失利，於 1945 年 8 月 15 日宣告投降，但直至 8 月 29 日仍繼續管治香港，8 月 30 日，英軍重臨香港。翌日，英軍總司令夏慤少將（Admiral Cecil Harcourt）擔任軍政府總督，至 9 月 16 日，舉行日軍投降儀式，正式結束三年零八個月的苦難歲月。英軍政府一直維持至 1946 年 5 月 1 日結束，同日恢復民政，由楊慕琦（Sir Mark Young）復任港督。

重光後的紀念票

重光一周年後，1946 年 8 月 29 日，香港發行了勝利和平紀念郵票，是香港第五套紀念郵票。該套郵票的主圖是由時任工務局的高級繪圖主任鍾惠霖與郵政司榮鍾思（Edward Irvine Wynne-Jones）於日治時期，被囚在集中營內時秘密設計的，畫稿上有一對皇獅捧着兩塊盾牌，盾上各刻有"香"、"港"二字，兩旁有中文字"鳳鳥復興"及"漢英大和"，喬治六世頭像兩旁有一對蝙蝠，代表好運和長壽。當時假如日軍看見這設計，一定不會高興，所以收藏這款郵票設計是頗危險的事。戰後鍾氏攜着該手稿乘坐英國軍艦返回英國途中，曾交與一位中國籍海軍人員審閱，他指出傳統上中文字"大和"的意思是指日本，因此建議改為"漢英昇平"，圖案則以火鳳凰化成灰燼後在烈焰中重生的傳說，象徵香港歷劫後必有重光的一天，後來該圖案設計被英國當局採納，用作印製香港專用的勝利和平紀念郵票。該畫稿被藏於英國皇家郵集內，曾於 1962 年與 1997 年在香港郵展中公開展出。郵票由英國德納羅印刷公司（Thomas De La Rue & Co. Ltd.）印製，原定在勝利和平一周年的 1946 年 8 月 15 日發行，但是因為郵票延遲送抵香港，便改為紀念英軍在 8 月尾收復香港一周年時發行，郵票於 1956 年 8 月 1 日停用。

▲ 被囚時繪畫的重光郵票畫稿。

重光後，郵政總局內發現有七袋於日本侵佔香港時、不能乘尾班船或飛機離開香港的郵件。當時郵政司榮鍾思復職後，指示郵務員重新揀信，並在信封上蓋上一個長型膠戳印（紫色或黑色），戳印刻上"日本在港扣存郵件，由 1941 年 12 月至 1945 年 9月"的字樣，以資識別。

▲ 上　郵件上蓋郵戳 1941 年 12 月 5 日由香港寄出，原交泛美航空公司飛剪號送出，可惜該航機於 12 月 8 日在香港被毀於日軍空襲下，使該郵件不幸留在香港郵政總局內未能寄出。至 1945 年重光後，再被蓋上上述扣存膠戳後再次寄出。上封封面銷 1945 年 11 月 1 日倫敦到達戳，惜未有收件人認領而退回香港。另外，在滯留信件中，發現以喬治六世 10 通用郵票作投遞信件實極為罕有。

下　1945 年 9 月 28 日香港郵政於重光後重投服務，當時郵局庫房只剩下喬治六世戰前版的 2 分、8 分通用票與開埠百年的 5 分紀念郵票。首日封貼上全為帶號碼四方連連體，罕有。

21st Nov. 1945.
Hong Kong.

Dear Mrs Barber,

After my wife and Cheryl went away
I had to look around for new digs in which to
live. Eventually I was able to move into a
hostel run by government but had to share
a room. Imagine my surprise when I found
it to be the W.E. Jones who designed the
enclosed stamps whilst a P.O.W. here in Hong
Kong. It was a risky job because of the Japs
had seen it. He would obviously have been
very severely dealt with. He designed also the
frames of the HK Centenary set, the centres being
photographed. Only two people have a signed
set of stamps — you and I. The original sketch
is now in the Kings collection, done with red
& blue pencil on a piece of burnt.

Sincerely
Alf Taylor.

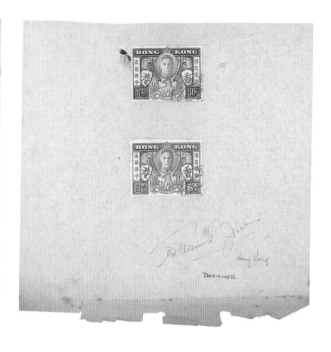

DESIGNER.

Hong Kong

▲ 勝利和平紀念，1945 年 11 月 21 日，在一封 Aji Taylor 寫給朋友的信中提到遇上鍾惠霖，指後者為香港開埠百年與勝利和平紀念郵票設計師，敍述郵票中除了人像由攝影技術製圖所成，郵票外框由鍾氏親手設計，原圖並已送交英皇喬治六世皇家郵集貯存。信中另附上一頁由鍾氏手簽的珍貴郵票稿件，並透露只有兩份紀錄留存。

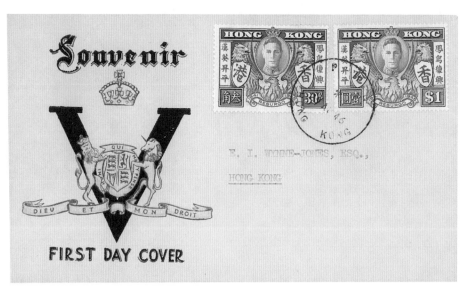

▲ 勝利和平首日封，由華籍郵務員工會印製，信封上蓋有 1946 年 8 月 29 日郵政司的專用戳，封
背附郵政司榮鍾思親筆署名與 9 月 2 日郵政 Post master General (PMG) 專用郵戳，罕有。

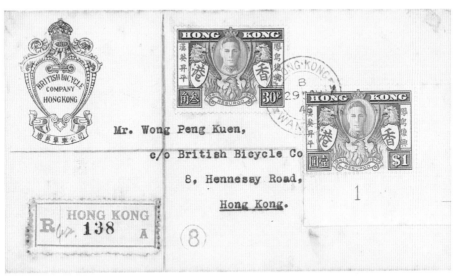

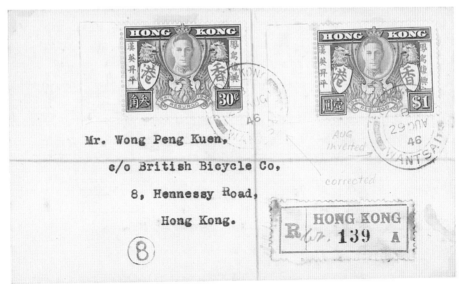

順英單車公司所製的勝利和平首日封（上圖），封上貼勝利和平郵票銷灣仔郵戳，並貼上以鉛筆寫上灣仔縮寫的（W. T. 138A）掛號標貼，其錯體在灣仔郵戳的 8 月英文簡寫（AUG）倒轉戳印，由於戳印 AUG 等字在郵票時，恰巧一元郵票深褐色印紋與郵戳重疊，以至郵務員未察覺戳印倒轉。再戳印下一封一元郵票時（下圖），在信封空白位置上 AUG 的倒轉戳印凸顯出來，被郵務員察覺後，立刻把該字轉回正確位置，再戳印在封上三角郵票上。而其掛號（139A）標貼，與上圖（138A）標貼為連續號碼，顯示該錯體郵戳只發現在該二枚首日封上。此郵品實屬難能可貴，為勝利和平首日封系列中重要的集郵檔案。

▲ 與前頁首日封相關的順英單車公司廣告。

在 1962 年前，香港郵政署還未發行官方首日封，當時每逢新郵票發行日，集郵人士只能以民間製作之首日封貼寄。中國郵學會在 1946 年 2 月成立，在同年 8 月 29 日香港郵政署發行戰後首套勝利和平紀念郵票，中國郵學會便為此發行了第一枚勝利和平紀念郵票的首日封。這枚日後被冠以 CPA-1 號的首日封，開創了中國郵學會首日封系列。該封由中國郵學會前會長蕭作斌與會員何軒利設計，首日封共印製發行 600 枚，經過多年損耗流失，至今只得 30 多枚記錄，為中國郵學會首日封系列中的瑰寶。

▲ 約 1950 年，第一代中國郵學會址在干諾道中 34 號 3 樓。該建築物是一棟四層高木樓，是圖中單層巴士的上方（三角形指示位置）。郵會會址面向干諾道中的德忌利士碼頭，憑窗可遠眺九龍半島。

日治期間的戰俘營

聖士提反書院（St. Stephen's College）於 1903 年創立，由何啟等商人及知識分子建議成立一所英文書院，為本地華人子弟提供教育。建校時校舍位於西營盤（今香港大學位置），至 1923 年遷往赤柱東頭灣道至今。1928 年由港督金文泰（Sir Cecil Clementi）舉行動土儀式，於 1930 年由代總督修頓（Sir Thomas Southorn）

揭幕。1941 年日治期間，曾改作緊急軍事醫院，並發生日軍屠殺事件，涉及 56 名負傷英國及加拿大軍人、醫護人員與學校職工被殺，是為聖士提反書院大屠殺，及後更被日軍徵用作戰俘營。戰後因書院校舍損毀嚴重，至 1947 年才重新運作。該校其中著名校友為詠春一代宗師葉問，1917 年 18 歲時曾於該校就讀。

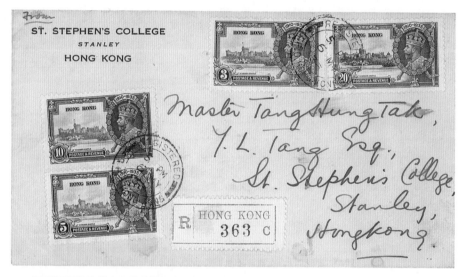

▲ 聖士提反書院喬治五世登基銀禧紀念首日封（1935 年）。

戰前通用郵票

在二戰前，香港使用的是喬治六世頭像側面的通用郵票，面額分類如下：

發行日期	郵票面額
1938年4月5日	2分、4分、2角5分
1938年4月13日	1角、1角5分、3角、5角
1938年4月27日	1元
1938年5月24日	1分、5分、2元
1938年6月2日	5元、10元

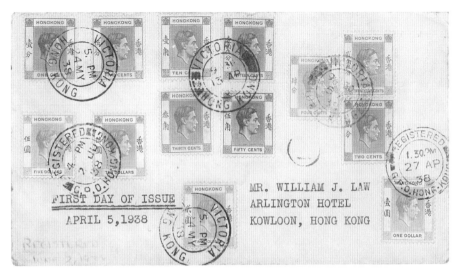

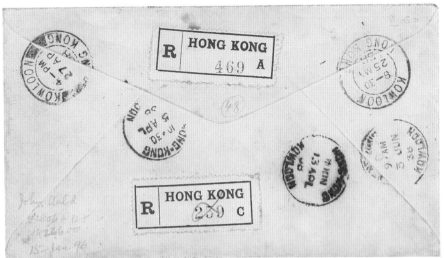

▲ 喬治六世第一組（戰前版）通用郵票，首日封貼全套13枚通用郵票，封上顯示全套13枚
郵票分5次日期發行的首日蓋印。封底亦附有該5次的到達戳印與掛號標貼。

▲ 壹角   ▲ 叁角   ▲ 伍角

▲ 喬治六世戰前版的部分通用郵票。

香港重光後,香港郵政於 1945 年 9 月 28 日重投服務,而當時郵局庫房只剩下喬治六世戰前版的 2 分、8 分通用郵票與開埠百年的 5 分紀念郵票可供使用。郵政署很快便發覺,原來香港在淪陷時期,多間郵政局內的高面值郵票曾經被搶掠,高面值的郵票更為短缺,當時郵政署欲向市民回購這些郵票,但因有大量該等存貨藏於民間,當局遂宣佈禁止使

▲ 更改顏色後的喬治六世(戰後版)高面值 5 元與 10 元通用郵票。

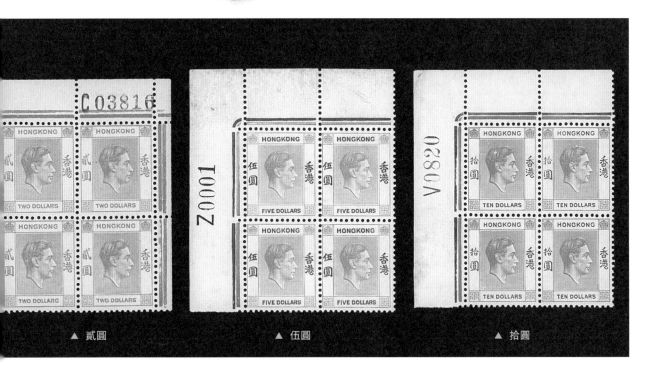

▲ 貳圓　　　　　　　　　　▲ 伍圓　　　　　　　　　　▲ 拾圓

用 1 元或以上面值的現存郵票，更修改高面值
郵票的顏色，再推出市面。至 1946 年，新顏色
的喬治六世戰後版通用郵票發行。全套 16 枚
不同面額通用郵票。

見證世界郵政發展

萬國郵盟七十五周年紀念郵票（1949年）

1874 年 9 月 15 日，22 個國家的代表在瑞士舉行了國際郵政大會，促成伯爾尼公約（Treaty of Bern），簽訂郵政總聯盟（General Postal Union），會議計劃由德國郵政大臣（Heinrich Von Stephen）起草，該條約在 1874 年 10 月 9 日正式簽署。隨着成員國大增，1878 年易名為萬國郵政聯盟，英語為 Universal Postal Union，法語為 Union Postale Universelle，簡寫統稱（UPU），並訂立 10 月 9 日為世界郵政日（World Post Day），以紀念該條約簽署成立。

萬國郵政聯盟成立的目的是協調成員國之間的郵務政策，是世界郵政的國際組織。每個成員國均同意並接受在相同的條件下處理國際間的郵務職責，而目前萬國郵政聯盟的總部位於瑞士首都伯恩（Bern）。

1877 年 4 月 1 日，香港與其他英國海外屬土一起加入郵聯，1997 年 7 月 1 日改以中國香港名義持有會籍。1949 年，香港發行的萬國郵盟 75 周年紀念郵票共有 1 套 4 枚（右頁），是香港第七套紀念郵票，圖案設計主要取材自郵政事務。這套郵票由英國皇冠代辦處統籌策劃發行，香港與其他 65 個英屬地區共發行 310 枚紀念郵票。

1 角： 背景是希臘神話中掌管交通、天界通訊和商業買賣的天神（Hermes），右方可見飛機、火車、輪船和一封信函等郵遞工具的圖案。

2 角： 以地球東西兩面作主圖，一面是南北美洲大陸，另一面是歐、亞、非及澳洲大陸，一條寫着萬國郵盟的絲帶，把東西兩個半球連在一起。

3 角： 一名男子坐在雲上向地球發送郵件。

8 角： 圖中可見五名女士手拉手環繞着地球的雕塑。至今很多以萬國郵盟作標誌的紀念郵票，都會發現該雕塑的影蹤。

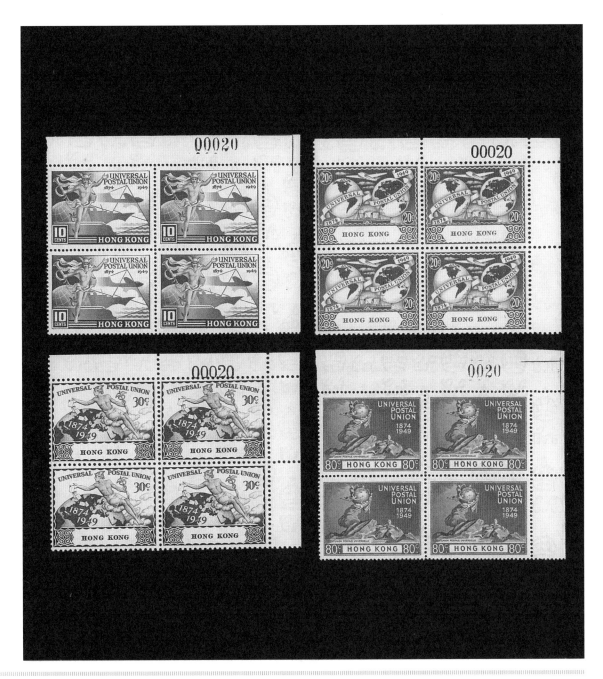

▲ 1角與8角由倫敦華德路父子公司（Waterlow & Sons）印製，2角與3角由英國 Bradbury Wilkinson 公司印製。從版票號碼的字款可分辨出來。

中國的郵聯紀念郵票

　　中華民國於 1914 年 3 月 1 日加入郵聯，在此之前，貼上中國郵票的郵件，是不能寄至海外去的，因其郵資不被郵聯承認。所以，寄往海外的郵件，必須貼上其他國家或地區郵票，例如香港郵票，才可寄出。有些早期來自中國的信封會同時貼有大清郵票和香港維多利亞時期的郵票，這種叫混貼信封。

　　自中華人民共和國成立後，中華民國繼續在郵聯代表中國，直到 1972 年 4 月 13 日郵聯決議，中華人民共和國為唯一合法的中國代表為止。1949 年 8 月 1 日，中華郵政發行紀念郵票一枚，圖案以聯合國國徽為背景，由於當時郵資頻調而未印上面值。其後此批郵票由上海運至廣州，由南京印務局加蓋黑色面值一元，然後正式發售。1949 年 9 月，中國共產黨取得最後勝利後，郵票於新疆加蓋"人民郵政"後繼續使用。而 1974 年 5 月 15 日，新中國成立後亦發行了 (J1) 萬國郵政聯盟成立一百周年紀念郵票。

▲　上　與香港同時期發行的(中華民國時期)萬國郵盟75周年紀念郵票。

　　下　1974年中國人民郵政發行的萬國郵政聯盟成立一百周年紀念郵票。

澳門的郵聯紀念郵票

　　澳門於 1878 年與其他葡屬地區一起加入
郵聯，至 1999 年 12 月 20 日回歸後改以中國澳
門名義持有會籍。1949 年 12 月 24 日澳門郵政
曾發行萬國郵盟 75 周年紀念郵票，郵票由 M.
Almada 設計，Lito. National Rep. of Lithografia
Maia Rep. 印製，郵票共發行 50,000 枚，即版
票共發行 500 版，在版票左下角紙邊印上號碼
1-500，圖中所載編號 385，為至今發現的少數
留存編號紀錄，罕有。

萬國郵盟 75 周年紀念郵
票首日封。1949 年 10
月 10 日在香港發行，由
英國郵學會與郵商協會共
同印製，全球超過 200 多
個國家與地區均有發行郵
票紀念該項盛事。

1949 年 10 月 10 日，香
港郵政發行的萬國郵盟
75 周年紀念郵票，首日
封上圖案與下圖中華民國
時期發行的萬國郵盟 75
周年郵封相同，兩枚郵封
亦開啟了中港兩地聯合發
行郵票之始。

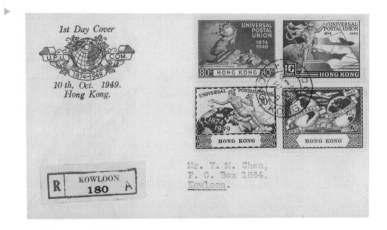

1949 年 8 月 1 日，中華
民國時期發行的萬國郵盟
75 周年紀念郵票首日封。
收件人為香港郵商謝植
勳。

1949 年 10 月 10 日萬國郵盟 75 周年紀念，由民間所製的圖案首日封。封上全組郵票版票均帶 10 號編號，附貼的掛號標貼亦為 10 號，適逢發行日期亦為 10 月 10 日，信封上可見多種 10 的組合，寓意十全十美。

1949 年 10 月 10 日萬國郵盟 75 周年紀念，首日封由香港郵學會印製。全組郵票均帶版票號碼，從號碼可見兩種不同字款，分別由 Waterlow & Sons 與 Bradbury Wilkinson 兩間公司印製，收件人為 1959 年中國郵學會第 14 屆理事長余祿佑。

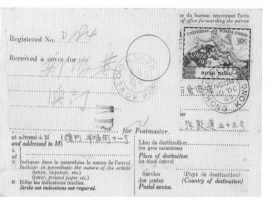

1949 年 10 月 10 日萬國郵盟 75 周年紀念，首日封由香港郵學會印製，附掛號郵件認領通知咭（右）。當寄件人投遞信件時，可以付 3 角郵資貼於通知咭後，並於通知咭內填寫收件人與寄件人地址資料，作掛號郵件。郵務人員在郵票蓋印後，把信件交與收件人，收件人在通知咭上簽收，郵局會再把通知咭寄給寄件人，以確認信件已寄出。

戰後新英王登基

伊利沙伯二世加冕紀念郵票(1953年)

伊利沙伯二世 (Elizabeth II) 在 1926 年 4 月 21 日的倫敦出生。其父親喬治六世於 1952 年 2 月 6 日在睡夢中病逝,正在出訪肯雅的伊利沙伯收到父親的死訊後,立即返回英國,登基繼承王位,成為 7 個獨立國家的女王。女王於接位後逾一年,即 1953 年 6 月 2 日,才正式於西敏寺舉行加冕儀式。

1953 年 6 月 2 日,香港慶祝伊利沙伯二世加冕,發行了一枚面值 1 角的紀念郵票,是香港第 11 套紀念郵票。當時香港跟英國與其他共 78 個英屬地區共發行了 106 枚郵票紀念該項盛事,香港亦舉行多項慶祝活動,包括舞龍、舞獅、花車巡遊和閱兵儀式,多棟建築物亦掛上燈飾慶祝。下圖可見尖沙咀鐘樓亦裝上女王登基掛飾,而中國郵學會亦發起該會第一次的跑局紀念活動(收集全港郵局當日郵戳),當時全港有 13 間郵局:(1) 香港總局、(2) 九龍分局、(3) 上環、(4) 西營盤、(5) 灣仔、(6) 赤柱、(7) 油蔴地、(8) 深水埗、(9) 啟德、(10) 荃灣、(11) 元朗、(12) 大埔、(13) 長洲。

◀ 伊利沙伯二世加冕紀念票,1角,1953年。

◀ 英女王肖像60載系列的其中一張,英國皇家郵政,2013年。

◀ 裝有女王登基掛飾的尖沙咀鐘樓。

▲ 貼上紀念票的伊利沙伯二世加冕明信片。

至 2015 年 9 月 9 日，伊利沙伯女王超越了高祖母維多利亞女王在位 63 年多的紀錄，成為英國在位時間最長的君主。

HM THE QUEEN'S 90TH BIRTHDAY

▲ 英國皇家郵政於 2016 年 4 月 21 日發行的伊利沙伯二世 90 歲壽辰紀念郵票，由左至右為查理斯王子、伊利沙伯二世、喬治小王子與威廉王子，被安排成四代同堂，留下歷史性畫面。

P 35
2,000-5/52.

With the compliments
of the
Postmaster General
Hong Kong.

▲ 首日封附上的郵政司致意卡。

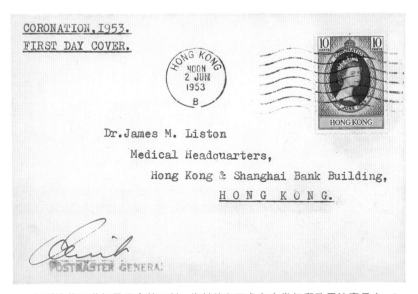

▲ 伊利沙伯二世加冕紀念首日封,信封的左下角有由當年郵政司沙惠予(L. C. Saville)親筆署名和印戳。

右為伊利沙伯二世加冕紀念首日封，由中國郵學會印製，編號 CPA-4B。兩者的差異在於郵件上的郵戳。1953 年 6 月 2 日正是星期六，為公眾假期，但郵局仍然照常在上午辦公至 12 時正。由於當天有大量郵件等待蓋戳，郵政司為方便郵局員工節省調較戳印時間，在這天所投寄的郵件一律用中午 "NOON" 字樣郵戳（上圖），而不按平常做法跟據當時時間蓋郵戳。但是，在九龍分局首日封中發現有少量首日蓋 "8-PM" 字樣的郵戳（下圖），相信為 6 月 1 日郵戳用完後，忘記轉回正確時間所致。

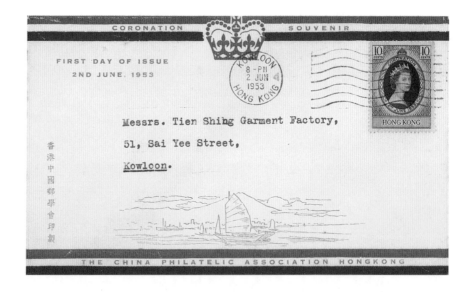

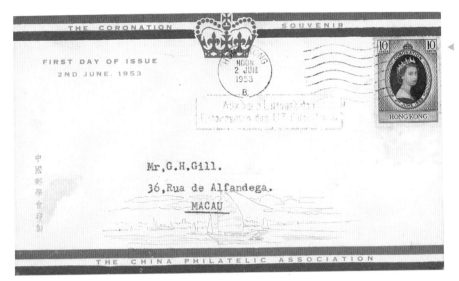

伊利沙伯二世加冕首日封，由中國郵學會印製，編號為 CPA-4A，首日封左邊印有"中國郵學會"短寫字樣。跟左頁編號 CPA-4B 的首日封左邊印有"香港中國郵學會"長寫字樣不同。市面上所發現的大部分為長寫字樣信封，短寫字樣信封極為罕見。該短寫字樣信封由香港實寄澳門，封上銷長形宣傳戳印"捐助澳門郵政員工帛金會"，封底銷 6 月 3 日澳門到達戳印。

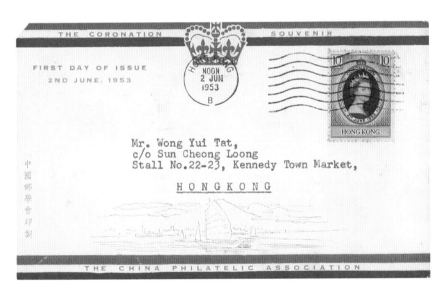

此封罕有短寫字樣首日封被剪去左上角，為開口信封印刷品。

伊利沙伯二世通用郵票

　　1954 年 1 月 5 日，香港發行伊利沙伯二世通用郵票（第一組），圖案以女王的側面為主，全套共 14 枚，面值包括：伍分、壹角、壹角伍分、貳角、貳角伍分、叁角、肆角、伍角、陸角伍分、壹圓、壹圓叁角、貳圓、伍圓、拾圓。

▲ 伊利沙伯二世第一組（民裝）通用郵票（發行）首日封，由中國郵學會印製，貼上其中 12 枚通用郵票，罕有。另外兩枚陸角伍分與壹圓叁角郵票於 1960 年才發行。

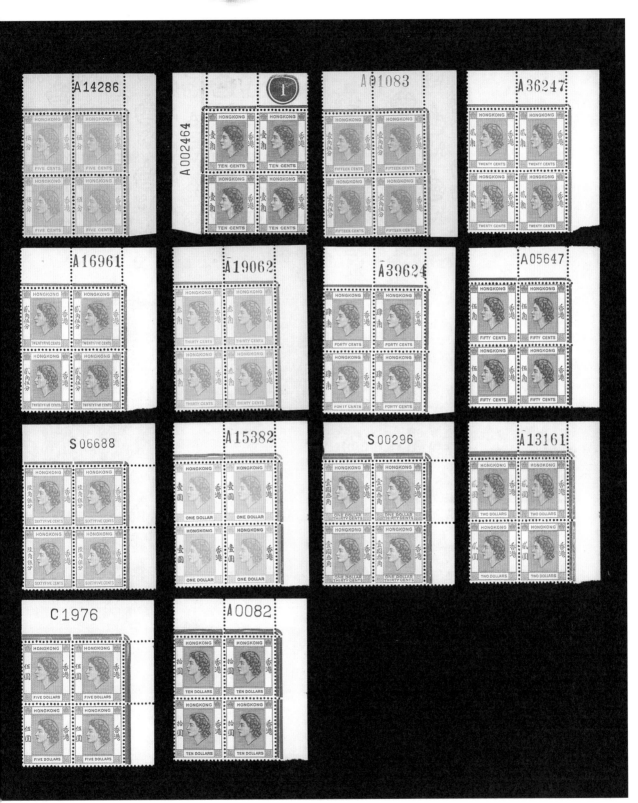

▲ 伊利沙伯二世第一組（民裝）通用郵票，全組 14 枚，均帶有版票編號，罕有。

紀念香港郵票正式發行

香港郵票百周年紀念郵票（1962年）

▲ 維多利亞女王

香港早於 1841 年開埠之初設立郵政局，辦理英國遠征軍的郵件，並順帶處理民間郵政事務。郵政署（現亦稱為"香港郵政"）成立初期沒有發行郵票，而是集中處理郵務，為郵件蓋上郵戳作為郵資已付的憑證。直至 1862 年 12 月 8 日，香港才發行第一套郵票，發行至今已超過一個半世紀。

1962 年為香港郵票發行 100 周年，香港郵政總局為了隆重其事，早於 1958 年 2 月 7 日便在報章上向香港及其他各地的美術設計家公開徵求郵票設計圖案，並由港督柏立基（Robert Brown Black）任命的評審委員會，最後評定由華籍設計師張一民為比賽勝出者，委任其為郵票百年的設計師。張氏的祖父與父親為著名畫

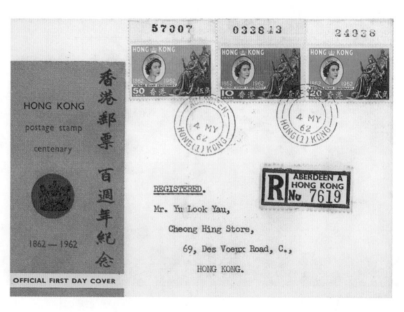

香港郵政發行郵票百年紀念 ▶
郵票，首日封上郵票均帶有
版票版號。為香港郵政首次
發行的官方首日封。

家張仿蘭與張日鷺，該套郵票以伊利沙伯二世肖像作主圖，再以百年前的維多利亞女王銅像襯托。香港郵政於 5 月 4 日發行了一套三枚紀念郵票，面值為一角、二角及五角，是香港第十套紀念郵票。香港郵政亦由這套郵票開始，首次發行官式首日封。

由畫家張一民設計的中國郵學會郵票百年首日封，編號為 CPA-7A。由於封上左圖採用了 1883 年的香港通用郵票作為圖案，後來被郵政局指抵觸郵例而停售及收回。圖中為流出的禁封，所載貼有全套郵票百年紀念郵票，它們均帶有版票號碼，經掛號實寄而能避過郵務員和檢查員的"法眼"存留下來，實屬難能可貴。

▲ ▶ 由畫家張一民設計的中國郵學會郵票百年首日封，編號為 CPA-7B（左）及明信片（右）。首日封與極限明信片均附有張氏署名。

Hon. Fung Ping Fan
Bank of East Asia Ltd.
Hong Kong.

First Day Cover

▲ 因 CPA-7A 款的首日封無法使用，中國郵學會再印一批新的郵票百年首日封，編號為 CPA-7C，方便郵友退換，同由張氏設計。50 年後的 2012 年，即香港郵票發行 150 周年紀念時，本書作者吳貴龍被中國郵學會選中為該項首日封系列設計圖案。

▲ 香港郵票百年郵展。

香港郵票百年展覽會

　　適逢香港郵票發行 100 周年，香港郵政除了發行紀念郵票，還舉辦了一個香港郵票百年展覽會（Stamp Centenary Exhibition），在香港大會堂頂樓舉行，展期由 1962 年 12 月 8 日至 16 日，共 9 天。入場門券二角，會場設臨時郵局，其中展品包括全場最珍罕的皇家郵集與維多利亞時期 96 仙橄欖棕色四方連郵票。

▲　香港大會堂。

香港郵政與中國郵學會各發行一枚紀念封紀念該項盛事。以下為在香港郵票百年展覽會的官式紀念封，封上分別貼上全套伊利沙伯二世第 1 組民裝（1954 年 1 月 5 日發行）（上）與第 2 組軍裝（1962 年 10 月 4 日發行）的通用郵票（下）。官式紀念封由香港大會堂美術館館長溫納（J. Warner）設計，封上銷郵政紀念日紫色大圓戳印，而民裝與軍裝的高面值郵票（右頁）均帶版票版號，罕有。

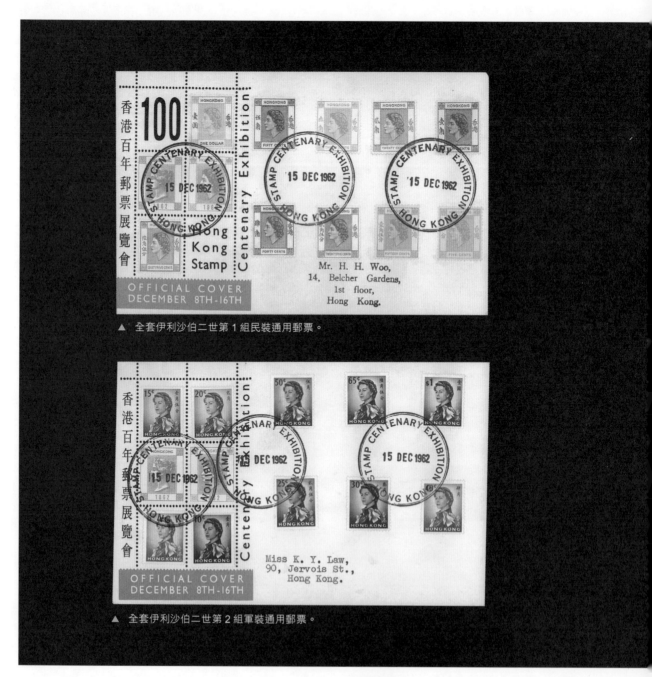

▲ 全套伊利沙伯二世第 1 組民裝通用郵票。

▲ 全套伊利沙伯二世第 2 組軍裝通用郵票。

OFFICIAL COVER
DECEMBER 8TH-16TH

兩封 1962 年 12 月 8 日的香
港郵票百年展覽會首日封上，
一封左邊雙色圖案發現漏印
黑色部分，另一封則發現漏印
藍色部分。此兩封的收件人為
著名香港郵史專家韋寶上校
Francis W. Webb。

1962 年中國郵學會在郵票
百年郵展尾日推出一款以
大會堂外貌為圖案的紀念
封。香港郵政亦於 2012 年
12 月 8 日星期六（1962 年
郵票百年郵展開幕時間亦
為 12 月 8 日星期六）發行
一百五十周年的紀念票慶祝
該項盛事。

郵歷
香江

珍罕的女王軍裝版票

　　以上提到貼在香港郵票百年展覽會的官式紀念封上，有伊利沙伯二世第 2 組軍裝通用郵票。其中 10 元軍裝（Annigoni Portrait）的光面紙（Glazed paper）全版郵票屬香港珍郵。該 10 元軍裝郵票由 1962 年至 1973 年的發行品全部皆用粉紙（Chalky Paper）印製，而光面紙是直至 1973 年 3 月才被發現在市面郵局有少量流通，而英國亦沒有該票的印製紀錄。及至 6 月新的一款女王石膏像圖案的郵票推出後，剩餘的女王軍裝郵票全部皆被銷毀。

　　適逢 1973 年香港股市狂瀉，從高位 1774.9 點跌至 200 點，全港上下都關心這場經濟災難的演變，未有關注此項郵票的源流與收藏。由於光面紙質的 10 元軍裝郵票發行時間僅 3 個月，且未能普遍存留，所以存世的甚為罕有。最大連體亦只發現 6 方連連體，更顯得本項目全版 50 枚更加珍罕，至今只發現該版紀錄，為香港郵票史上最罕有的全版郵票。

　　而光面紙與粉紙印製的郵票分別在於，光面紙主色為深綠色，粉紙則為淺綠色。光面紙紙面帶有光澤，粉紙則較為暗啞。而且，光面紙右上角的版票號碼為獨有的英文字軌 W。另外，於坊間發現的光面紙 10 元舊票多為蓋銷長形包裹印戳（左下），而右下的郵票清楚銷上拱北行（Beaconsfield House）1973 年 6 月 4 日戳印，為目前僅見。拱北行位於中環，曾為政府建築物，設有拱北行郵政局，現址為長江集團中心。

▲ 軍裝粉紙郵票（上）及兩隻軍裝光面紙郵票（下二）。

W   0977

2A 2A 2A 2A 2A 1A

◀ 光面紙的 10 元女王軍裝全版郵票。

香港最早的版票

剛才介紹了最罕有的全版版票，那麼香港最早的版票是哪一款？

維多利亞女王時期第二組 12 仙全版版票 (1863-1880)，有皇冠 CC 水印，版票左下方有橢圓形 1 字印刷版式，右下方附 12 仙獨有的 12 印刷序號，左右紙邊印附 "One Quarto Sheet Containing 60 Stamps" 字句。至 1900 年，版票轉為皇冠 CA 水印，紙邊字句也轉為 "Crown Agents For The Colonies"。原版印刷為 4 格 240 枚排列，為方便郵局寄售，付貨尺寸切開一半 2 格 120 枚發售，此香港 12 仙版票跟中國其他地方最早發現的版票比較，包括中國內地（大龍郵票，1878 年）、台灣（龍馬郵票，1888 年）及澳門（皇冠郵票，1884 年），是四地之冠。拍賣資料顯示所見全版版票多為 CA 水印皇冠時期，而 CC 水印皇冠時期的則極為罕有，相信不超過兩版紀錄。

皇冠 CC 水印

參考資料：

- Air Commodore R. N. Gurevitch, *Queen Victoria Postal Adhesives* Vol.1 (Hong Kong: The Hong Kong Philatelic Society, 2001), p46.
- *The Unique Treasure Of Hong Kong The 96c. Olive-Bistre Block Of Four* (Hong Kong, Spink, 2011), P9.
- Interasia Auctions, 20 July 2015, p314，拍目 3025 項。

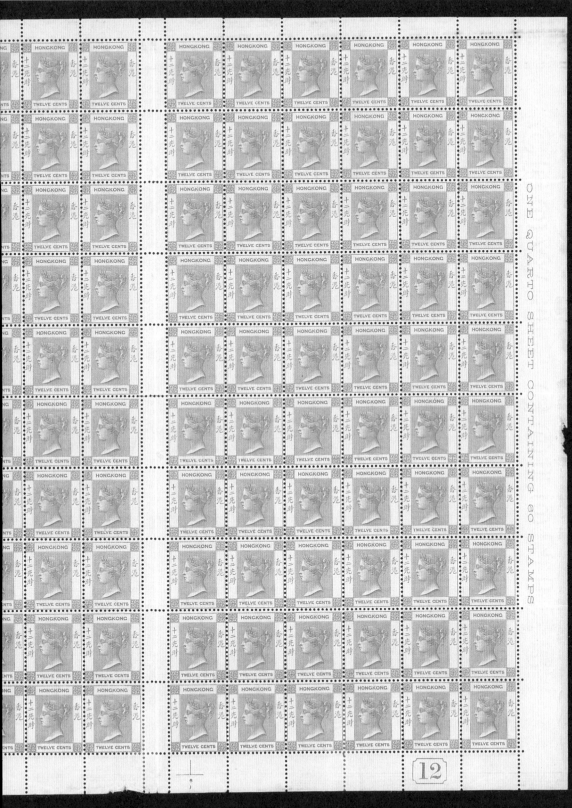

香港最早期的維多利亞女王 12 仙全版版票。

首次附版號的通用郵票

香港發行的第一套通用郵票是維多利亞通用郵票,初發行並未附印版式版號,至1894年2月23日第5組通用郵票才開始附印,英文字母由"A"字開始順序排列至1902年最後以"W"字作結。右圖附版號的通用郵票為女王維多利亞第8組的通用郵票。

1899至1902年間,香港郵政發行第8組最後一套維多利亞女王通用郵票,其版票版號面值的發行日期及數量如下表。

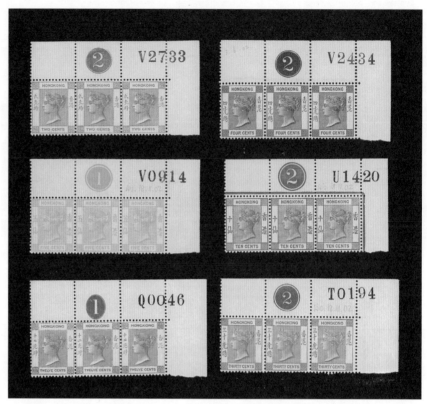

▲ 郵票上的1和2字號為印刷版式,方便印刷技師檢視印刷顏色的深淺與核實印刷位置是否準確。最早的印刷版式1字為橢圓形,後期改為圓形。右上角的則為版票號碼。

		2仙		4仙		5仙		10仙		12仙		30仙	
	面值												
字母	發行日期	數量	號碼紀錄	數量	號碼紀錄	數量	號碼紀錄	數量	號碼紀錄	數量	號碼紀錄	數量	號碼紀錄
Q	1899.2.24									100版	Q0046 Q0067		
R	1900.6.26									50版	R00?? R0001 R0018		
S	1900.6.26	8435版	S0074					5085版	S17??				
T	1900.12.28	3500版	T2185	3510版	T26?? T0549	1512版	T1075	2000版				300版	T0101 T0107 T0194
U	1901.12.28	3500版	U2268	2000版	U1171	1200版	U0738	2000版	U1420	100版			
V	(1)Supply1902	3500版	V48?? V2733	2000版	V3065 V2434 V1029	1200版	V0914 V0518 V0173	2000版		100版			V0106
W	(2)Supply1902	3500版		2000版	W1236			2000版	W1275				

郵票版票以120枚為一版計算。每1版均印有英文字母和連續編號,最少發行量為R版12仙,只有50版紀錄。

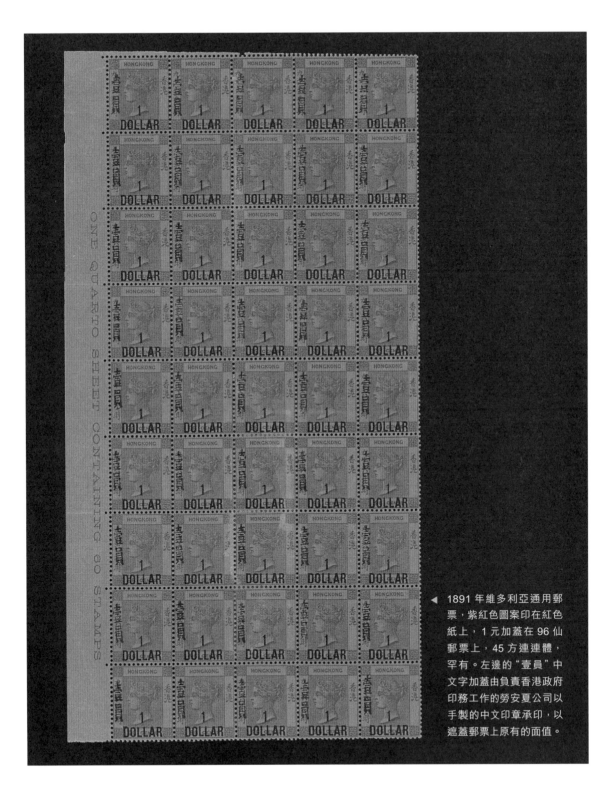

1891 年維多利亞通用郵票，紫紅色圖案印在紅色紙上，1 元加蓋在 96 仙郵票上，45 方連連體，罕有。左邊的 "壹員" 中文字加蓋由負責香港政府印務工作的勞安夏公司以手製的中文印章承印，以遮蓋郵票上原有的面值。

▲ 1865 年維多利亞通用郵票，面值 96
仙，皇冠 CC 水印，帶右紙四方連連體
與倒水印錯體，罕有。

▲ 1885 年維多利亞通用郵票，1 元加蓋
在 96 仙上，皇冠 CA 水印，橄欖灰色，
帶右下角紙邊及附 96 仙獨有的 "14"
版票序號，罕有。

▲ 1898 年維多利亞通用郵票，1 元加蓋在 96 仙，皇冠 CA 水印，分灰黑色 (V01)) 與全黑色
(T0189) 兩種，均帶有版票編號，罕有。

香港郵票發行 150 周年紀念郵票

　　第一套香港郵票共有七枚，以維多利亞側面頭像為設計圖案。2012 年，香港郵政為郵票發行 150 周年此項盛事發行紀念郵票。紀念票以最早的七枚郵票為主體圖案，採用票中票的設計，配合不同的書寫工具及電子資訊載體圖案，發行一套六枚紀念郵票和一款郵票小型張。

▲ 香港郵政發行的紀念郵票（上）與小型張官式首日封（下），附郵政署署長丁葉燕薇署名。

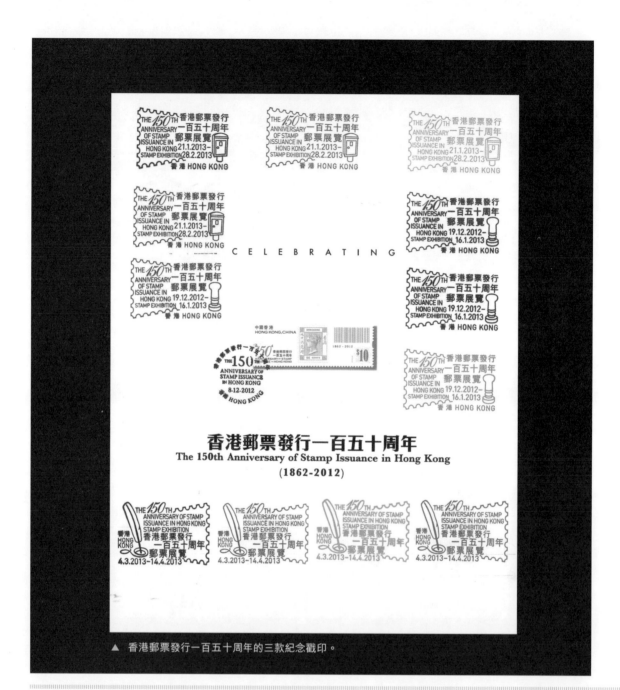

▲ 香港郵票發行一百五十周年的三款紀念戳印。

▲ 香港郵學會首日封，附該會理事長張文德署名。

▲ 香港警察郵學會首日封，附該會名譽會長何明新署名。

中國郵學會首日封

　　作者吳貴龍被中國郵學會選為該項郵票設計會封，一套七枚信封系列。設計以三代郵局為背景，再以經典郵封配合。

　　第一枚首日封以第一代郵局與香港郵政史上第一枚郵封（現為香港郵政藏品）作背景。貼香港郵票發行 150 周年一套六枚郵票，附拍賣該封的蘇黎世亞洲拍賣行（Zurich Asia）負責人 Dr. Jeffrey S. Schneider 署名。

　　第二枚首日封以第二代郵局與香港第一枚紀念票首日封（香港開埠 50 周年）作背景。貼香港郵票發行 150 周年郵票小型張，附香港郵學會會長關卓然署名。

第三枚首日封以第三代郵局與戰後香港第一枚紀念票首日封（勝利和平）作背景。貼小冊子內第一枚小全張，該首封亦為中國郵學會首枚創會首日封。附中國郵學會名譽會長張金熾署名。

第三枚首日封以第三代郵局與戰後香港第一枚紀念票首日封（勝利和平）作背景。貼小冊子內第二枚小全張。附中國郵學會理事長高光亮署名。

第三枚首日封以第三代郵局與戰後香港第一枚紀念票首日封（勝利和平）作背景。貼小冊子內第三枚小全張。附中國郵學會副理事長劉劍中署名。

　　第四枚首日封以第一代至第三代郵局作背景。貼心思心意紀念郵票。附中國郵學會副理事長陳志豪與理事孫漢超署名。

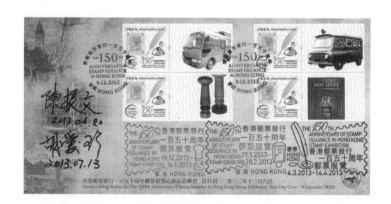

　　第四枚首日封以第一代至第三代郵局作背景。貼心思心意紀念郵票。附中國郵學會顧問陳振文與理事胡愛珍署名。

珍貴郵局照

全套 34 間郵政分局相片明信片貼上香港郵票發行 150 周年郵票以作記念。以下的明信片中，以 36 間郵局為主圖，相片攝於 1962 至 1963 年間（即香港郵票發行百周年期間），跟 150 周年紀念時相距 50 年，2012 年多間郵局大多已折卸或遷移，從相片望能重拾當年的郵局回憶故事。

▲ 第四代郵政分局（1927-1967），位於尖沙咀梳士巴利道南面近鐘樓位置。

▲ 第三代郵政總局（1911-1976），位於干諾道中、德輔道中與畢打街交界。

▲ 第二代九龍城分局（1959-），位於九龍城龍崗道 28 號地下。

▲ 油麻地分局（1915-1967），位於油麻地窩打老道近上海街位置。

▲ 第一代西營盤分局（1914-1964），位於西營盤薄扶林道 37 號。

▲ 第二代大埔分局（1945-1979），位於大埔大馬路（今廣福道）。

▲ 第一代元朗分局（1934-1941），位於元朗大街地下。

▲ 第二代赤柱分局（1937-），位於赤柱黃麻角道 2 號。

▲ 第二代元朗分局（1962-1966），為一所臨時房屋樓宇。

▲ 第二代深水埗分局（1956-），位於深水埗元州街55號地下。

▲ 第一代觀塘分局（1962-2012），位於同仁街6號觀塘政府合署地下。

▲ 第二代上環分局（1957-1988），位於上環永樂街112號B。

▲ 拱北行分局（1963-1984），位於皇后大道中4號拱北行地下。

▲ 灣仔分局（1915-1992），位於皇后大道東221號（現為環境資源中心）。

▲ 第二代筲箕灣分局（1957-1988），位於筲箕灣329-331號南安街口地下。

▲ 沙頭角分局（1962-），位於沙頭角政府大樓地下。

▲ 西貢分局（1961-1969），位於西貢理民府辦公室。

▲ 第一代旺角分局（1959-1991），位於旺角弼街37號地下。

▲ 流動車分局 1 號（1960-），服務新界西北區。

▲ 萬宜大廈分局（1960-1968），位於德輔道中60-68 號萬宜大廈閣樓。

▲ 流動車分局 2 號（1962-1968），服務新界東區。

▲ 第一代空郵中心（1960-1977），位於啟德機場空郵中心大樓。

▲ 布政司署分局（1959-1964），位於中環下亞厘畢道政府合署內。

▲ 第二代啟德機場分局（1959-1962），位於啟德機場1樓離境大樓。

▲ 黃大仙分局（1963-1987），位於黃大仙下邨29座地下。

▲ 第三代啟德機場分局（1962-1980），位於啟德機場1樓離境大樓。

▲ 第二代沙田分局（1955-1979），位於沙田墟第三街413-414號。

▲ 馬頭圍道分局（1957-1989），位於馬頭圍農圃道 11 號工務局分署地下。

▲ 石湖墟分局（1959-），位於上水石湖墟新豐路。

▲ 第三代香港仔分局（1962-1983），位於香港仔東勝道 31 號地下。

▲ 坪洲分局（1961-），位於坪洲永安街政府大樓地下。

▲ 第一代北角分局（1957-2002），位於北角書局街 31 號地下。

▲ 第二代荃灣分局（1960-1978），位於荃灣青山道 455-457 號。

▲ 蘇屋分局（1960-1972），位於蘇屋邨杜鵑樓地下177 號。

▲ 梅窩分局（1963-1990），位於梅窩涌口道 2 號。

▲ 大澳分局（1962- ），位於大澳石仔埗街 102 號政府大樓地下。

郵政服務的蛻變

香港郵政三大周年紀念郵票（1991年、2001年、2011年）

香港的郵政服務可遠溯至 1841 年，是應當時駐軍的要求而創設，而首間民用郵局則於 1841 年 8 月 25 日成立，費士賓被委任為首任郵政署長。可是當時仍沒有一所正式的建築物用作郵政服務辦事處，直至 1841 年 11 月 12 日，第一所正式的郵政局才落成。

香港郵政署在發展初期一切尚未上軌道。當時並無硬性規定付寄者須要預先繳付郵資，往往由收件人支付，此外，由於沒有定期開出的郵輪，郵件通常由路過的大帆船或汽船運載，寄信時間無法估計。一封由香港寄往倫敦的信件需時三個月才能到達目的地。這樣的郵政服務既不可靠，亦無規律可言。

其後，郵政服務逐漸改善，鐵行輪船公司成立後，於 1845 年開辦了由香港至倫敦的定期郵遞服務。1858 年，政府硬性規定寄件時必須預先繳付郵資；1862 年香港首次發行郵票；1864 年，政府規定寄信時必須使用本港發行的貼用郵票；1877 年郵政署更加入了萬國郵政聯盟。

由於郵件數量日益增加及多次填海關係，郵政總局曾三次遷址，以確保其瀕海的地利。郵政總局於 1846 年 1 月 1 日遷往皇后大道與畢打街交界處的新郵政大樓（香港開埠 50 周年紀念郵票在此郵局發售），宏偉的大樓就在畢打碼頭附近。到了 1890 年代，郵局面積已不敷應用，便在畢打街及干諾道交界處興建另一所新郵政總局（香港開埠百年紀念郵票在此郵局發售），新郵局於 1911 年啟用。65 年後，1976 年郵政總局遷往位於康樂廣場的新郵政總局大樓（1991 年、2001 年與 2011 年分別發行的香港郵政 150 周年、160 周年與 170 周年紀念郵票在此郵局發售）。

郵政服務於日治時期曾經中斷，戰後本港發展一日千里，郵政服務亦在這段時期飛躍發展，郵政分局紛紛開設以應付需求。香港從昔日寂寂無聞的蕞爾小島，成為名聞遐邇的國際都會，在這個非凡的蛻變中，實在得力於香港郵政提供可靠及快捷的通訊服務。

香港郵政服務 150 年展覽

　　1991 年 6 月 12 日，市政局與香港郵政署於九龍公園的香港博物館內合辦香港郵政服務
150 年展覽。該展覽由港督衛奕信（Sir David Wilson）主持開幕典禮，圖中為人手送遞的典禮邀
請信函，封上銷九龍中央郵局 150 周年宣傳機印郵戳，該郵戳只限於開幕日示範之用。

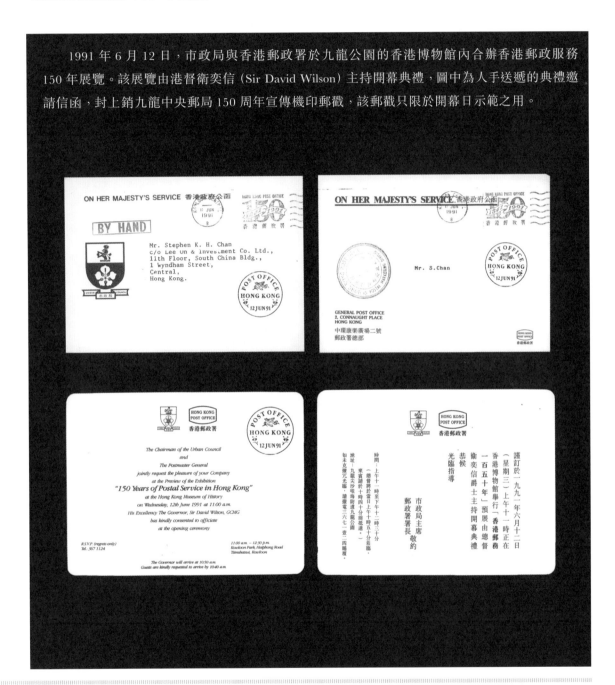

▲ 1991 年 6 月 12 日香港郵政服務 150 周年展覽開幕紀念封，該紀念封由靳埭強設
計，周年標誌由香港政府新聞處提供，香港政府印務局印製，只發行 1000 枚。

▲ 1991 年 6 月 12 日香港郵政服務 150 周年展覽開幕紀念金封，同由靳埭強設計，金
封以高級條紋紙燙金印製，只作贈品送給開幕嘉賓，沒有向公眾出售，限量 100 枚。

香港郵政署 150 周年紀念郵票

　　1991 年 8 月 25 日，香港郵政發行香港郵政署 150 周年紀念郵票，郵票由蔡文亮設計，羅建安與楊新榮繪圖。郵票主題以五代香港郵筒為主體圖案：(1) 維多利亞時期 (1837-1901)、(2) 愛德華七世時期 (1901-1910)、(3) 喬治五世時期 (1910-1936)、(4) 喬治六世時期 (1936-1952)、(5) 伊利沙伯二世時期 (1952-)。郵筒由生鐵鑄造，於英國生產，約重 800 磅，現存的香港維多利亞時期郵筒共 2 枚，第 1 枚 21 號郵筒存放於郵政總局郵趣廊，第 2 枚 25 號郵筒存放於香港歷史博物館郵政展館內。以上兩枚郵筒都已停用。

▼ 首日封上的簽名印為時任郵政署署長黃星華（Dominic S. W. Wong）。

1991 年 8 月 25 日香港郵政署 150 周年郵票小型張貼在當日首日封上，為香港經典郵票系列第一輯小型張。小型張上的建築物為香港第三代郵政總局，而複製郵票為 1891 年與 1941 年發行的開埠 50 年與 100 周年紀念郵票。

郵政署首次發行樣票小型張，單黑色印刷，附於香港郵政歷史 150 年精裝圖冊內，共發行 25,000 枚，左上角附印紅色編號（00001-25000）。

1991 年 10 月 25 至 27 日，香港郵政為德國科隆郵展發行紀念封。郵封選用香港郵政署 150 周年紀念封，銷有科隆（Cologne）郵展長型紀念戳印，郵封只在該郵展出售，由香港郵政指定郵商 Georg Roll Nachfolger 代理。

郵歷
香江

上文談到一枚編號 25 的維多利亞時期郵筒，現存放於香港歷史博物館郵政展館內。該郵筒原本來自油麻地分局。1967 年行將拆卸的油麻地分局（位於今窩打老道與彌敦道交界），在 1915 年 7 月 1 日建成。以下相片背後蓋銷 1967 年 8 月 12 日戳印，為該郵局最後一天為市民服務的日期。該郵局中間位置設有方型郵箱，編號為 25 號，郵局拆卸後，郵政署再置放另一枚編號 25 的郵筒於原址附近，即現存放於歷史博物館的 25 號郵筒。

作者吳貴龍的女兒於 2002 年與香港第一代郵筒合照。

香港郵政 160 周年紀念郵票

　　2001 年，香港郵政 160 周年紀念郵票共發行 3 枚小全張附於紀念小冊子內。第一枚小全張郵票背景沿用 1992 年（集郵）紀念郵票複樣；第二枚沿用 1998 年（新機場與空郵中心）紀念郵票；第三枚沿用 1997 年與 1999 年通用郵票，左旁的 6 枚郵筒，亦見證英國在香港 154 年的殖民地結束，重歸中國領土。郵筒顏色亦由紅色圓筒為主轉為綠色方型郵箱，而郵局英國皇冠徽號亦轉為香港郵政獨有的蜂鳥標記。

香港郵政 170 周年紀念郵票

▲ 2011 年是香港郵政 170 周年紀念，推出紀念首日封，封上附有時任香港郵政署長張雲正署名。

▲ 2011 年香港郵政 170 周年首日封，信封圖案由作者吳貴龍設計及印製。

第三部
特色郵票

第一章

價值不菲的鹹菜王

維多利亞女王珍郵（1864年）

　　1862 年開始，香港發行開埠以來的第一套郵票，以維多利亞女王側面頭像為圖案，發行由 2 仙至 96 仙共 7 個面值郵票，印色皆為棕灰色。1864 年 3 月，印刷公司德納羅（De La Rue）印製另一批 96 仙郵票共 52 全張時，卻因錯色令票面變成橄欖棕色（Olive Bistre），該批郵票後被稱為 "鹹菜王"。

　　因該批郵票珍罕且散落各處，作者吳貴龍早於 1999 年開始編寫該票的存世考資料紀錄，由最初 30 枚增加至今 48 枚，羅列 48 枚郵票的原貌及其收藏和拍賣狀況，方便收藏家搜尋之用。錯色的新票至今亦只錄得該 48 枚。此紀錄廣受郵會刊載及拍賣行作該批郵票編號確認，曾刊載雜誌包括香港郵學會年刊、中國郵學會雜誌《郵光》、《中國集郵學報》、《郵票世界》及《香港特區郵刊》。拍賣行則包括 Interasia Auctions、John Bull Auctions、Zurich Asia、Dynasty Auctions（Kelleher & Rogers Ltd）、Spink China、楊氏郵票拍賣公司，與海外多間拍賣行。

　　右圖所示的四方連連體被列為第 1-4 號，為香港郵政史上最罕有的單一項郵品。原票四方連曾於香港郵票百年展覽中展出，展出期為 1962 年 12 月 8 日至 16 日，地點設於香港大會堂高座頂樓。2015 年 11 月 20 日至 23 日，香港第 31 屆亞洲國際郵票展覽上第二次公開展出，地點設於香港會議展覽中心舉行。

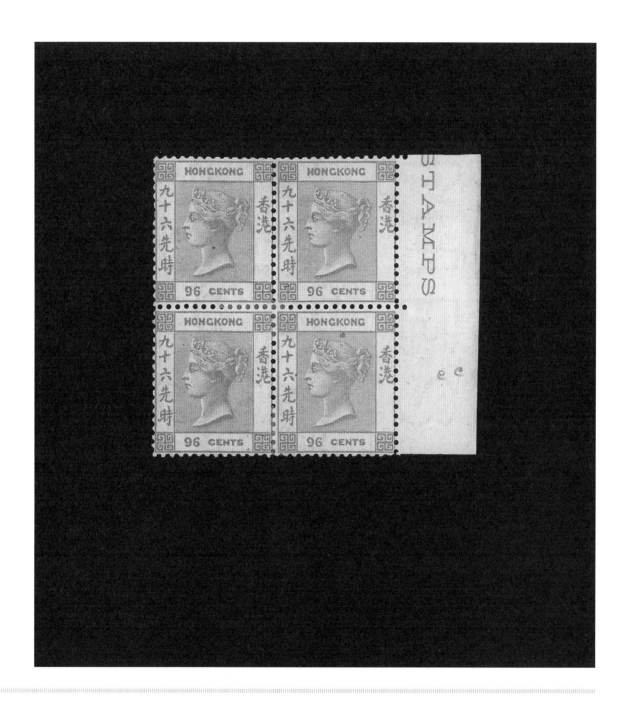

維多利亞九十六仙橄欖棕色單枚郵票存世考

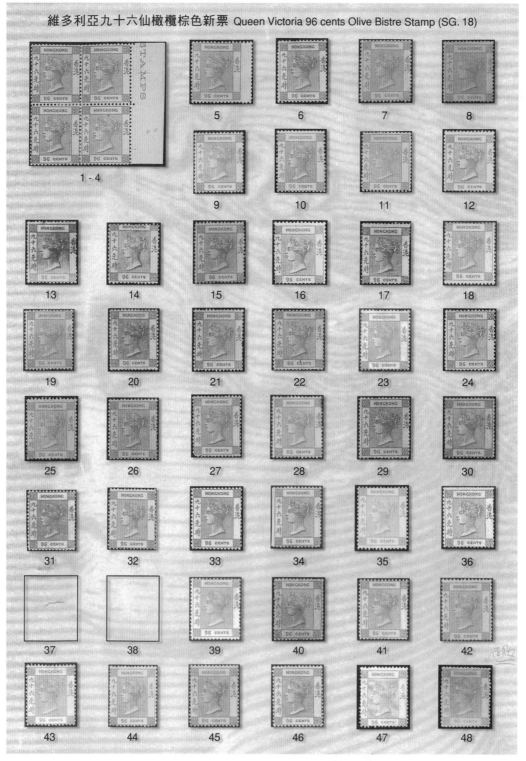

維多利亞九十六仙橄欖棕色新票 Queen Victoria 96 cents Olive Bistre Stamp (SG. 18)

號碼	源流
1-4號	原屬美籍 George E. Burghard 藏品，1961年成為日籍石川良平（Ryohei Ishikawa）藏品，1980年12月4日交與英國蘇富比（Sotheby's Parke-Bernet）拍賣，由香港陳卓堅拍下；2006年12月3日交與瑞士公司David Feldman拍賣，由法籍Armand Rousso拍下；2011年交與香港斯賓克（Spink China）拍賣，由英國郵商史丹利·吉本斯（Stanley Gibbons）拍下；2016年1月17日交與香港斯賓克拍賣。
5號	原屬陳兆漢藏品，於1990年10月29日交與香港佳士得（Christie's Swire）拍賣，由香港歷史博物館（Hong Kong Museum of History）拍下，該票亦為至今發現的唯一新票帶闊紙邊版本例子。
6號	現為香港郵學會會長關卓然藏品。
7號	原屬陳卓堅，2000年後成為吳鴻春醫生藏品。曾於2007年香港回歸祖國十周年中國郵學會郵展中展出。該票亦為水印上下移位的錯體例子。
8號	原屬區鴻藻醫生，後轉讓與陳卓堅，2002年5月9日交與 Zurich Asia 拍賣。
9號	原屬吳達倫，後轉讓與芮偉松，再售與朱倫彪醫生，2012年1月15日交與香港斯賓克拍賣。
10號	原屬 George E. Burghard，1961年1月25日交與英國 Robson Lowe 拍賣。
11號	原屬 George E. Burghard，1961年1月25日交與英國 Robson Lowe 拍賣，由智以力（E. F. Jack Gee）拍下；1989年7月25日交與英國佳士得（Christie's Robson Lowe）拍賣，由伍銳賢拍下。原票曾刊1961年香港郵學及郵政歷史暨中國及日本商埠郵政歷史（F. W. Webb）紀錄。
12號	楊乃強家族藏品，由1976年楊氏香港郵票目錄開始連載至今。
13號	1979年7月7日交與布約翰（John Bull）拍賣，由吳格堯醫生拍下。
14號	原票分別於1979年11月17日與1980年7月26日交與布約翰拍賣，再於2011年3月26日至27日交與皇朝（Dynasty Auctions）拍賣。
15號	1980年2月15日經英國 Robson Lowe 拍賣，1994年2月20日經香港 Stanley Gibbons 拍賣。
16號	1981年10月10日經英國 Robson Lowe 拍賣，1985年下旬經瑞士 David Feldman拍賣。
17號	四次經布約翰拍賣，日期分別為（1）1983年7月、（2）1987年2月、（3）1987年11、（4）2001年4月。
18號	1983年10月20日經英國 Robson Lowe 拍賣；1993年10月16日經布約翰拍賣，由蔡國雄拍下；2004年7月31日交與香港華郵（Phila China）拍賣，由蘇錦華拍下。
19號	1984年3月經布約翰拍賣，由黃景文拍下。
20號	三次經布約翰拍賣，日期為（1）1984年3月、（2）1985年2月、（3）1987年12月。
21號	1984年11月2日經英國佳士得拍賣，1995年5月3日香港佳士得拍賣。
22號	分別於1985年3月5日及1987年3月4日經香港吉本斯（Stanley Gibbons）拍賣。
23號	1987年11月12日經英國蘇富比拍賣，由廖仲沃拍下；至90年代售與吳貴龍，1999年轉讓與傅學忠。該票亦被選用作1994年香港經典系列小全張第三號內之票品圖像。
24號	1992年9月30日經香港佳士得拍賣。郵票曾刊載於李英豪著作《保值珍郵》(1994年)一書內。
25號	1994年2月20日經香港吉本斯拍賣，由黃華樞拍下。
26號	1994年2月20日經香港吉本斯拍賣，由楊乃強拍下，再轉讓與梁偉雄。
27號	1996年3月13日經香港鑑珍（Treasure Hunters）拍賣，由蘇洪亮拍下。
28號	1997年7月29日經香港太陽國際（Sun）拍賣，吳貴龍轉讓與傅學忠。
29號	1998年5月14日經香港蘇富比（Sotheby's & Corinphila）拍賣。
30號	袁承德藏品，2010年12月27日交與布約翰拍賣。
31號	1956年1月25日經英國 Robson Lowe 拍賣。
32號	2003年11月23日經香港斯賓克拍賣，由朱立仁拍下；2014年11月4日交與香港 Interasia 拍賣，由石志文拍下。
33號	原屬俄國 Theodore Victor de Grosse藏品，2004年1月30日經香港華郵拍賣。該票為水印移位錯體版本。
34號	1963年7月23日經英國 Robson Lowe 拍賣，由區鴻藻醫生拍下；2007年7月1日交與布約翰拍賣；2011年3月19日至26日經德國 Heinrich Kohler Berlin 拍賣。
35號	原屬關卓然藏品，2004年2月25日經英國斯賓克（Spink London）拍賣，由陳戊標拍下；2007年8月18日交與楊氏郵票拍賣。
36號	英國皇家郵集（Royal Collection）藏品，原票曾刊載於1994年2月18日至21日香港郵展場刊。
37號	大英博物館（British Museum）藏品。
38號	大英博物館藏品。
39號	原屬朱栢樑藏品，2004年4月24日經香港華郵拍賣，由 Raymond Wong 拍下。
40號	二次經楊氏郵票拍賣，分別為2004年12月4日與2005年4月7日。
41號	原屬 Edward Gilbert 藏品，2005年3月10日經英國斯賓克拍賣。
42號	原屬 Dallas Collection，再轉至 Gawaine Baillie, BT. Collection，2006年11月16日經英國蘇富比拍賣。
43號	二次經香港斯賓克拍賣，分別為2007年1月21日與2011年1月23日。
44號	2007年4月12日經英國斯賓克拍賣；2008年6月14日交與布約翰拍賣，由劉勇拍下，經吳貴龍再轉讓與胡洪明。
45號	原屬區鴻藻醫生，2007年7月1日經布約翰拍賣；2010年4月24日交與 Zurich Asia 拍賣。
46號	潘銳察藏品。
47號	2009年12月5日經 Boule Monaco 拍賣；2012年1月15日交與香港斯賓克拍賣。
48號	張文德醫生藏品。

被列入檔案編號 23 的維多利亞九十六仙橄欖棕色單枚郵票，被選用作 1994 年香港郵政發行的香港經典小全張系列第三號內之郵票圖像。

使用該批郵票貼於實寄信封上的，至今只發現兩枚紀錄。

第一枚信封是 1865 年 5 月 9 日經法國馬賽寄到英國倫敦，貼維多利亞時期通用郵票，2 仙啡色、30 仙朱紅色和 96 仙橄欖棕色郵票，郵資共 1.28 元。銷 B62 藍色郵戳，封上蓋了 7 月 17 日倫敦紅色到達戳印 2 次，罕有。

源流：Duncan Cranford（1959）、George Burghard（1961）、石川良平 Ryohei Ishikawa（1980）、呂榮熙（1980）、Edward Gilbert（2005）。

第二枚信封是 1865 年 2 月 14 日由香港經法國馬賽到美國紐約，貼維多利亞時期通用郵票，4 仙青灰色、6 仙淡紫色和 96 仙橄欖棕色郵票，郵資共 1.06 元。銷 B62 藍色郵戳，封上蓋上彎月形的紅色（PAID）及圓形（LONDON/BH/MA29/65/PAID）紅色郵戳，另銷無邊框（42CENTS）紅色郵戳。

源流：George C. Dyer（1984）、水原明窗 Meiso Mizuhara（1995）、朱柏樑（2004）、現為馬道之醫生藏品。

罕有的手打齒孔郵票

在香港已發行的郵票中，最罕有變體票當數這枚維多利亞貳仙十二度齒孔郵票。該批郵票由印刷公司德納羅於 1882 年間印製，刷色是玫瑰粉紅色（Rose Pink），附皇冠 CA 水印，齒孔卻非常粗糙，部分齒孔未能穿透，這種粗糙的紙孔簡稱 "粗齒"。1898 年《郵票月刊》（*The American Journal of Philately*）首次披露發現 2 枚 12 度粗齒郵票，謂其中一枚曾送往印刷公司德納羅檢驗，回覆稱於印製時，郵票打孔機損壞了，故改用手提打孔機而造成，該票由原來的 14 度齒孔改成 12 度齒孔錯體（即 2cm 內有十二個齒孔）。至今紀錄此粗齒貳仙郵票的數量只得七枚，新票五枚，舊票兩枚紀錄。

1928 年未分割的原票圖樣，是著名的胡鼎頓（Worthington Block）四方連，可惜後來被收藏家分割成四枚作單票收藏。

▲ 胡鼎頓四方連

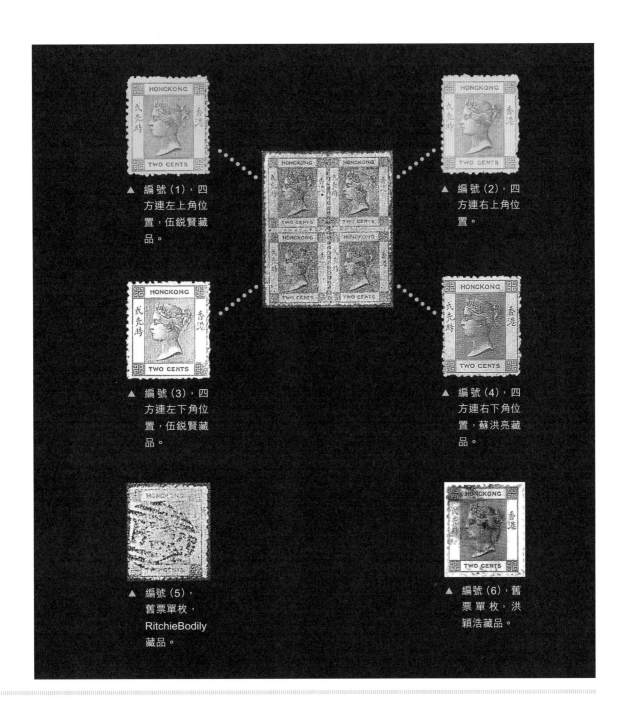

▲ 編號（1），四
方連左上角位
置，伍鋭賢藏
品。

▲ 編號（2），四
方連右上角位
置。

▲ 編號（3），四
方連左下角位
置，伍鋭賢藏
品。

▲ 編號（4），四
方連右下角位
置，蘇洪亮藏
品。

▲ 編號（5），
舊票單枚，
RitchieBodily
藏品。

▲ 編號（6），舊
票單枚，洪
穎浩藏品。

第三部 | 第二章

慶賀新春佳節

十二生肖賀歲郵票（1967年）

中國曆法以十二生肖配上地支紀年循環往復，並以 12 種動物表示。香港第一套賀歲的生肖郵票，是由 1967 年 1 月 17 日的羊年生肖開始，至 1978 年 1 月 26 日馬年生肖結束。該生肖郵票系列由四位中外設計師負責設計，羊年由尉遲禮（V. Whiteley）設計；猴、雞、狗、牛和虎年由白葳（R. Granger Barret）設計；豬、鼠、兔、龍和馬年由靳埭強設計；蛇年由 Jennifer Wong 設計。

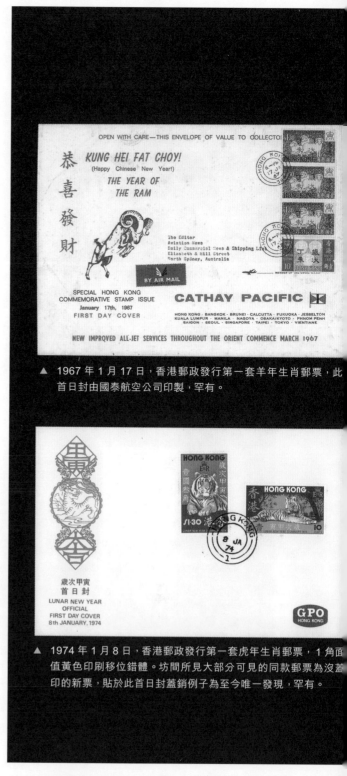

▲ 1967 年 1 月 17 日，香港郵政發行第一套羊年生肖郵票，此首日封由國泰航空公司印製，罕有。

▲ 1974 年 1 月 8 日，香港郵政發行第一套虎年生肖郵票，1 角面值黃色印刷移位錯體。坊間所見大部分可見的同款郵票為沒蓋印的新票，貼於此首日封蓋銷例子為至今唯一發現，罕有。

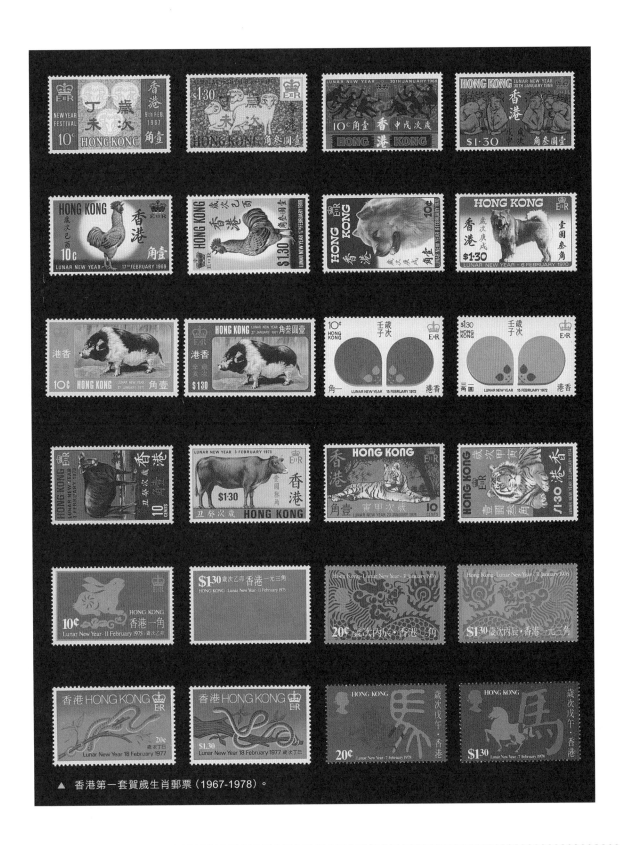

▲ 香港第一套賀歲生肖郵票（1967-1978）。

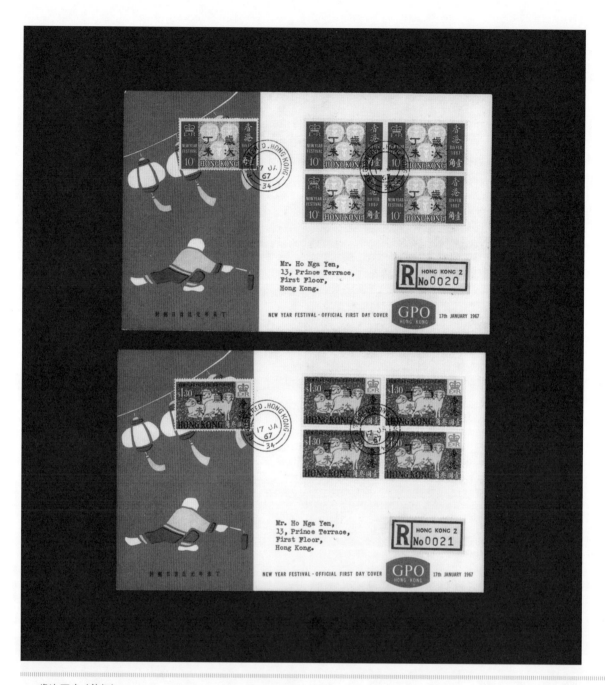

▲ 歲次丁未（羊年）

1967 年 1 月 17 日香港郵政發行第一套羊年生肖郵票，由尉遲禮（V.Whiteley）設計。

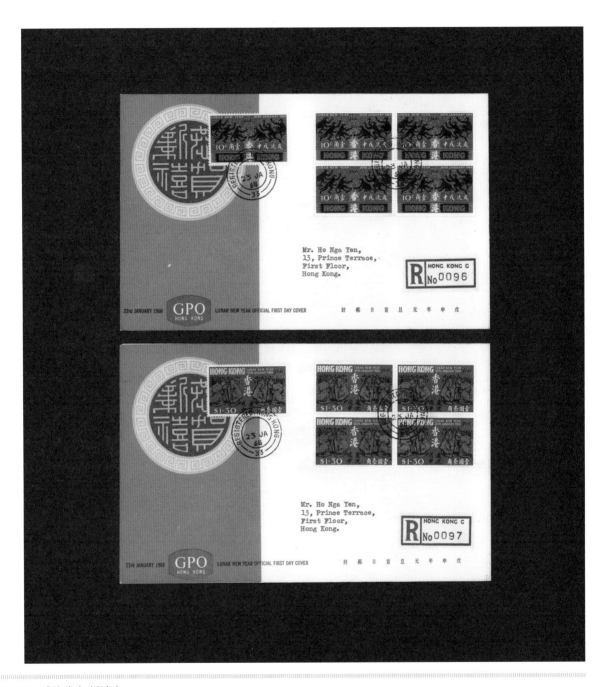

▲ 歲次戊申（猴年）
1968 年 1 月 23 日香港郵政發行第一套猴年生肖郵票，由白葳（R.Granger Barret）設計。

▲ 歲次己酉（雞年）
　1969 年 2 月 11 日香港郵政發行第一套雞年生肖郵票，由白葳設計。

▲ 歲次庚戌（狗年）

1970 年 1 月 28 日香港郵政發行第一套狗年生肖郵票，由白葳設計。

▲ 歲次辛亥（豬年）
1971 年 1 月 20 日香港郵政發行第一套豬年生肖郵票，由靳棣強設計。

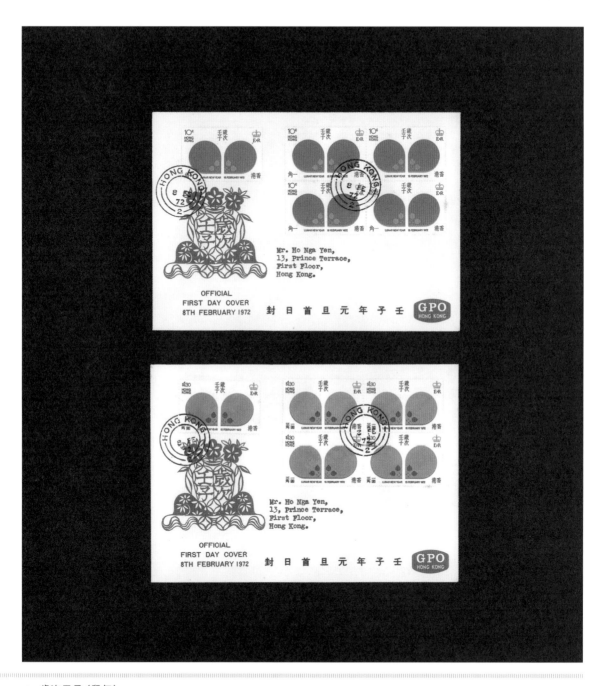

▲ 歲次壬子（鼠年）
　1972 年 2 月 8 日香港郵政發行第一套鼠年生肖郵票，由靳棣強設計。

▲ 歲次癸丑（牛年）
　1973 年 1 月 25 日香港郵政發行第一套牛年生肖郵票，由白葳設計。

▲ 歲次甲寅（虎年）
1974 年 1 月 8 日香港郵政發行第一套虎年生肖郵票，由白蕆設計。

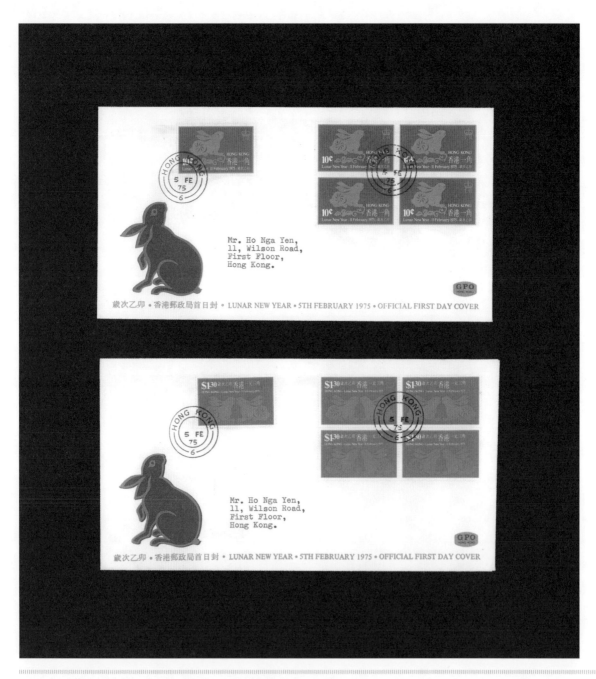

▲ 歲次乙卯（兔年）

　1975年2月5日香港郵政發行第一套兔年生肖郵票，由靳棣強設計。

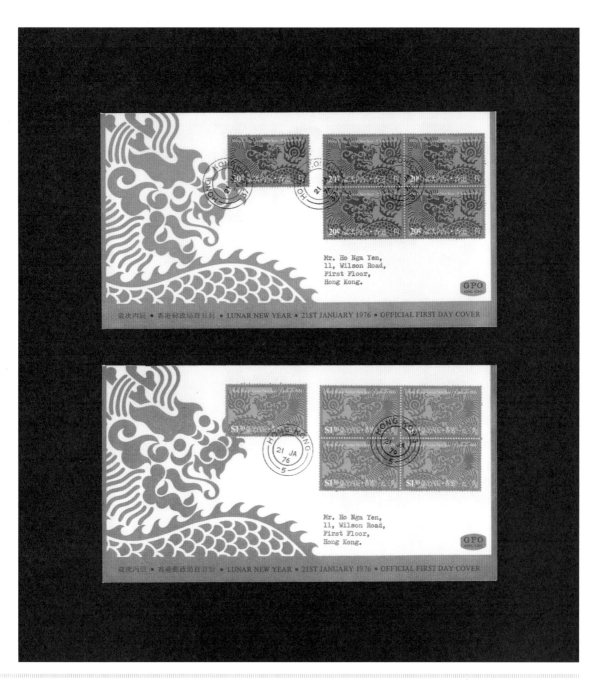

▲ 歲次丙辰（龍年）
1976 年 1 月 21 日日香港郵政發行第一套龍年生肖郵票，由靳棣強設計。

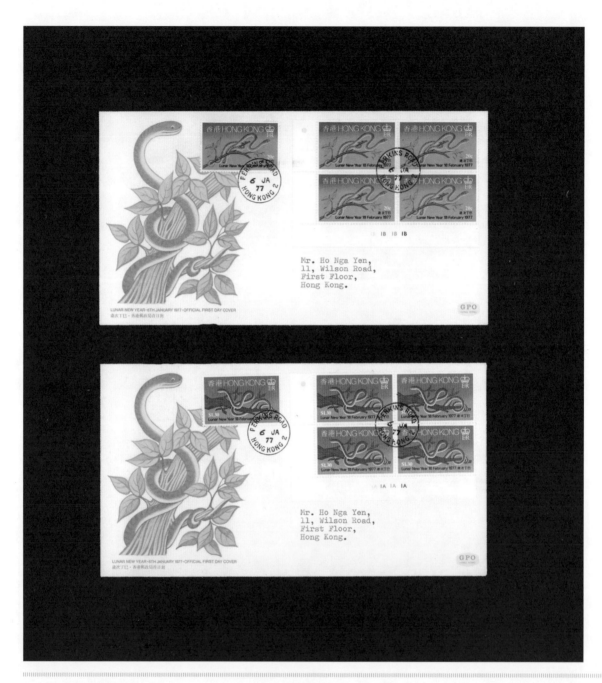

▲ 歲次丁巳（蛇年）

　 1977 年 1 月 6 日日香港郵政發行第一套蛇年生肖郵票，由 Jennifer Wong 設計。

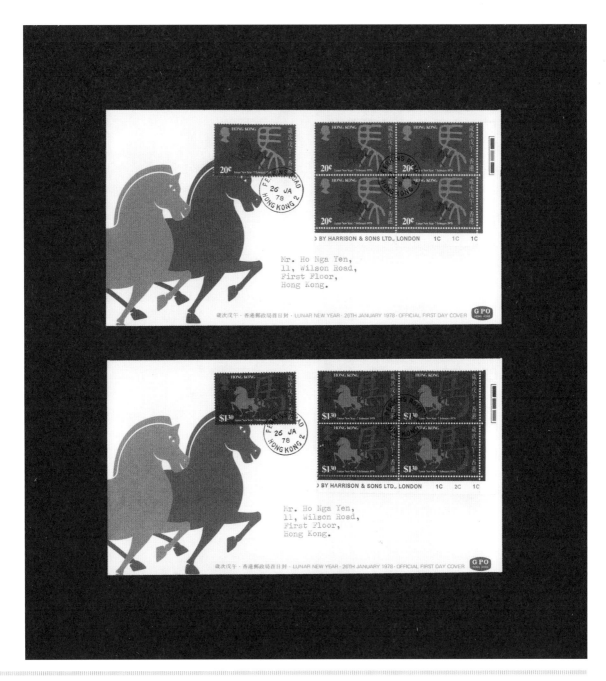

▲ 歲次戊午（馬年）

1978 年 1 月 26 日香港郵政發行第一套馬年生肖郵票，由靳棣強所屬公司 Graphic Atelier Ltd. 設計。

著名郵票設計者

靳埭強，香港平面設計教父，在設計界縱橫半生。1942年生於廣東番禺，1957年到香港定居，本是裁縫學徒，後修讀中文大學校外進修部設計課程，1967年正式投身設計行業。其經典作品多不勝數，至2016年，香港郵政發行的通用與紀念郵票中，有46套由靳埭強設計。他多年獲獎無數，著名作品有中國銀行的商標（中國方孔古錢）。現醉心水墨創作，同時致力藝術教育設計的推展工作。

1971年1月20日香港郵政發行第一套豬年生肖郵票，為靳埭強設計的首套郵票，時值1967年暴動過後，被限制禁用紅色、日出圖案在郵票上，遂改用綠、紫二色，再配真實豬隻照片在郵票上，照片中的豬種也要求避用白種豬。右頁一套二枚首日封，兩枚首日封所貼四方連均帶版票版號，附設計師靳埭強署名。

▲ 圖中首日封銷1971年1月27日（農曆年初一）戳印，收件人為作者吳貴龍內子的出生時間，該信封得郵票設計師親筆題名與署名，倍添珍貴。

1972 年 2 月 8 日香港郵政發行第一套鼠年郵票,由靳埭強設計。此設計打破十二生肖以往只以真實動物形態畫作為郵票圖案的傳統,以簡約的線條,從俯視角度看老鼠形態,配以中國人最喜愛的紅、金兩色幸運元素作主體顏色。唯當年此款郵票刊於黑白報刊時,被評外形似骷髏頭,同年香港亦發生多宗山泥傾瀉、五級大火等,因此郵票被指為不祥象徵。其後牛年、虎年的生肖郵票亦另覓他人設計,至 1975 年靳埭強再設計同一組兔、龍、馬生肖郵票。自 1971 至 2016 年,他共設計了 46 套香港通用或紀念郵票。

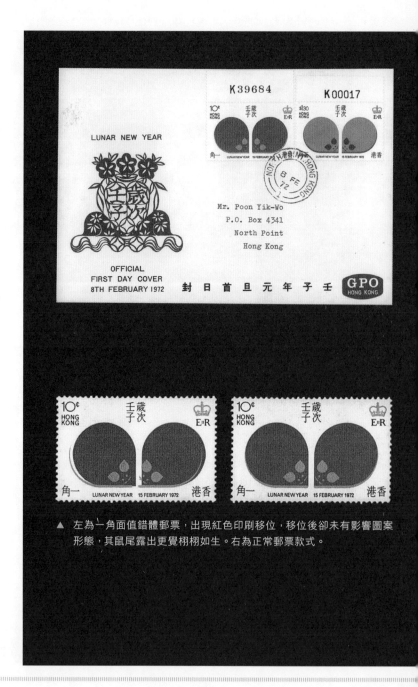

▲ 左為一角面值錯體郵票,出現紅色印刷移位,移位後卻未有影響圖案形態,其鼠尾露出更覺栩栩如生。右為正常郵票款式。

香港第二套十二生肖的賀歲郵票，由 1987 年 1 月 21 日兔年生肖至 1998 年 1 月 4 日虎年生肖結束，全套由靳埭強設計。圖中兔年生肖首日封，由商務印書館香港分館印製，附現任副總編輯毛永波署名。

　　1999 年 2 月 21 日，香港郵政發行十二生肖郵票小版張，郵票為 1987 年至 1998 年的生肖郵票，全套由靳埭強設計。小版張上的牛年與虎年生肖郵票上紙邊發現漏打齒孔，是為錯體例子。罕有。

▲ 1997 年丁丑牛年為香港第二套十二生肖賀歲郵票系列之一，靳
埭強設計。

▲ 2014 年甲午馬年生肖首日封，郵票由靳埭強設計。 （林偉雄提供圖像）

靳埭強郵票集

以下是靳埭強為香港郵政設計的 46 套郵票及其發行日期。

1	1971 年 1 月 20 日，辛亥豬年。
2	1971 年 7 月 23 日，香港童軍鑽禧紀念。
3	1971 年 11 月 2 日，香港節（第一組）。
4	1972 年 2 月 8 日，壬子鼠年。
5	1973 年 11 月 23 日，香港節（第二組）。
6	1974 年 10 月 9 日，萬國郵盟百周年紀念。
7	1975 年 2 月 5 日，乙卯兔年。
8	1976 年 1 月 21 日，丙辰龍年。
9	1978 年 1 月 26 日，戊午馬年。
10-21	1987 年 -1998 年，丁卯兔年至戊寅虎年。
22	1999 年 2 月 21 日，十二生肖郵票小版張。
23	1989 年 7 月 19 日，香港現代繪畫及雕塑。
24	1991 年 6 月 21 日，香港郵政署 150 周年郵票展覽開幕紀念封。
25	1991 年 11 月 16 日，香港通用郵票小型張（第二號）。
26	1992 年 5 月 22 日，香港通用郵票小型張（第三號）。
27	1992 年 7 月 15 日，集郵。
28	1995 年 3 月 22 日，香港國際體育活動。
29	1997 年 1 月 26 日，香港海傍日夜景通用郵票。
30	1997 年 2 月 12 日，香港 97 郵展小型張（第四號）。
31	1997 年 2 月 16 日，香港 97 郵展小型張（第五號）。
32	1997 年 6 月 1 日，香港通用郵票小型張（第十二號）、小型張內的郵票設計。
33	1999 年 3 月 27 日，香港通用郵票小型張（第十三號）、小型張內的郵票設計。
34	1999 年 5 月 1 日，中國銀行發行港幣鈔票紀念封，中銀的徽誌，靳叔概念取自中國方孔古錢。
35	1999 年 8 月 21 日，香港通用郵票小型張（第十四號）、小型張內的郵票設計。
36	2001 年 6 月 25 日，香港／澳洲聯合發行（龍舟競賽）。
37	2001 年 11 月 18 日，兒童郵票（畫出童心）。
38	2005 年 9 月 16 日，神洲風貌系列第四號（錢塘怒潮）。
39	2006 年 3 月 30 日，兒童郵票（小熊穿新衣）。
40	2006 年 10 月 19 日，政府運輸工具。
41	2012 年 11 月 22 日，香港昆蟲 (ll)。
42	2013 年 1 月 26 日，癸巳蛇年。
43	2013 年 5 月 10 日，澳洲 2013 年世界集郵展覽。
44	2014 年 1 月 11 日，甲午馬年。
45	2015 年 1 月 24 日，乙未羊年。
46	2016 年 1 月 16 日，丙申猴年。

李小龍的身影

香港影星郵票（1995年）

　　1995 年是世界電影誕生 100 周年，香港從 1898 年開始製作電影，並於 1900 年第一次放映電影，自此之後，香港成為世界主要的電影製作地之一。香港郵政於 1995 年 11 月 15 日發行香港影星系列郵票，全套共四張。1.2 元面值的圖案為武術宗師李小龍、2.1 元為粵劇丑生王梁醒波、2.6 元為粵劇宗師任劍輝、5 元為影后林黛。

　　黃金，1950 年代開始擔任電影海報畫師及繪畫戲院巨型廣告，他與劉小康聯合創作首套香港影星郵票系列，並於 1995 年 11 月 15 日正式發行。左頁是香港郵政（上）與香港郵學會（下）發行的首日封，均附黃金親筆署名，倍添珍貴。

▲ 1995 年香港影星郵票的錯體例子，1.2 元面值的李小龍郵票，漏印全黃色直連錯體，罕有。該票原用四色印刷印製，即彩色印刷。左為正常印刷效果，右為漏印黃色的效果。

李小龍（1940 年 11 月 27 日－ 1973 年 7 月 20 日），生於三藩市，原名李振藩，藝名李小龍由《細路祥》漫畫作者袁步雲所改。李小龍 18 歲返回三藩市求學前，已在香港參演過 22 部電影，其中在《細路祥》與《人海孤鴻》的演出備受好評。1966 年《青蜂俠》電視劇在美國首播，李小龍飾演劇中第二主角加藤。1971 年起，李小龍回港主演的《唐山大兄》、《精武門》及《猛龍過江》，同樣膾炙人口，這三部電影在 1972 年迭創賣座紀錄，並使香港的功夫電影揚名海外。1973 年，他最後兩部電影《龍爭虎鬥》與《死亡遊戲》，更是口碑載道，譽滿全球。

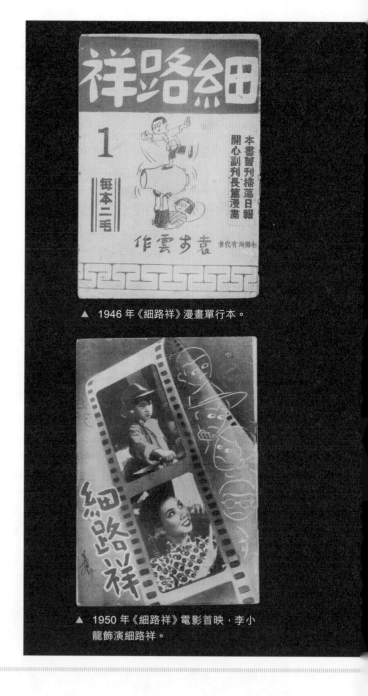

▲ 1946 年《細路祥》漫畫單行本。

▲ 1950 年《細路祥》電影首映，李小龍飾演細路祥。

▲ 1958 年《人海孤鴻》劇照。

1966 年《青蜂俠》電視劇，右為李小龍。 ▶

GOLD KEY · THE GREEN HORNET · 12¢

THE GREEN HORNET

THE GREEN HORNET AND KATO COMBAT A RUTHLESS GANG WHOSE VICTIMS ARE FORCED TO OBEY CRIMINAL COMMANDS!

▲ 1973 年《猛龍過江》電影特刊。

1973 年《猛龍過江》電影大
堂劇照。1995 年香港影星李
小龍紀念郵票便是以此圖作
藍本繪製。

特別激請

猛龍過江

THE WAY OF THE DRAGON

黃仁植　小麒麟　劉永　黃宗迅　魏平澳

苗可秀　李小龍

懷文鄒　製監

嘉禾發行　協和出品

▲ 1972年《精武門》電影特刊。

▲ 1972年嘉禾電影月刊。

後 記

　　很多人都覺得奇怪，為何兩個風馬牛不相及的人會走在一起，編寫這本透過香港郵票看香港歷史或透過香港歷史看香港郵票的書。

　　一個是當了 38 年差和做了 16 年郵學會主席的退休高級警司，一個是經營了二十多年郵票生意的郵票商人，湊巧他們都有一個共同點是喜歡郵票和香港歷史，又不吝嗇與人分享。

　　一個偶然機會，他們提起大家的共同興趣，希望寫一本有關香港郵票與歷史的書籍。郵票是地方名片，每一枚郵票都有其歷史和"為甚麼要發行"的理由，天文、地理、人文、風景、政治、經濟、生態等等都是郵票的題材或發行的理由。從來沒有人有系統地編寫這題材，講述香港郵政史、有代表性的香港郵封和郵票的讀物更少。最近郵政署發行了一套四大冊有關香港郵政史的書，可以說是一套很好的工具書，可惜太仔細和專門，只適合對香港郵政和郵票有一定認識的超級集郵迷細閱珍藏，卻不是一般大眾或集郵人士可以理解和有能力詳細閱讀的。

　　有見及此，這本書便嘗試將香港歷史融入香港郵票，或說香港郵票走進香港歷史中，以一個現代角度去撰寫香港郵票有關的香港故事。計劃擬定後，兩位作者便分別作資料搜集和整理，在撰寫郵筒等篇時更需"重返現場"去找尋當年的郵筒，可惜很多已"不翼而飛"，慶幸在找尋過程中亦有新發現，例如在南丫島索罟灣偶然發現"那些年"的郵筒，便一一收錄在本書中。

　　另一方面，在編寫過程中亦加入一些能代表香港的郵票和郵封，以作介紹。因很多珍貴郵品都在不同的收藏家之手，幸得他們慷慨協助，願意借出很多"香港之最"的郵票和郵封，它們才能展現在本書內。

　　一切就緒後，便大膽約見商務印書館副總編輯毛永波先生，很高興一拍即合，並由編輯蔡柷音及小組協助下，本書得以面世。另外，需特別鳴謝資深書法家黃錦華為本書書名題字。

　　這本書可以說是一個開始，從郵品的角度為香港歷史補上這部分的空白，希望能拋磚引玉，還望各方有識之士多多賜教。如有錯漏，希望在未來日子再編寫另一部分時加以修正和優化，使廣大讀者得益。

　　在此，亦希望各位集郵快樂！收集時有新發現和突破！Happy Stamping！

　　　　　　　　　　　　　　　　　　　　　　　　　　　　二零一五年十月八日寫於香港

附錄 | 歷任香港郵政署署長
Hong Kong Postmasters General

	署長	上任時間
1	T. G. Fitzgibbon 費士賓	25.8.1841
2	D. Mullaly 茂勒里	8.10.1841
3	R. Edwards 羅拔愛德華	4.1842
4	F. Spring 史炳靈	1843
5	T. J. Scales 史蓋斯	24.3.1844
6	Thomas Hyland 凱倫德	1845
7	William Chapman 卓文	14.5.1857
8	Francis W. Mitchell 米勞	24.11.1862
9	Alfred Lister 利士達	24.4.1875
10	A. K. Travers 杜利華	1.1.1891
11	A. M. Thomson 湯信	17.10.1896
12	Cmdr. W. C. H. Hastings, RN 夏士庭	15.2.1899
13	L. A. M. Johnston 莊士敦	23.1.1903
14	C. M. Messer, OBE 米士	18.11.1908
15	E. D. C. Wolfe, CMG 禾夫	19.4.1913
16	S. B. C. Ross, OBE 魯斯	1.2.1917
17	M. J. Breen 白禮文	22.3.1924
18	G. R. Sayer, CMG 偉亞	28.4.1928
19	N. L. Smith, CMG 史勿夫	12.10.1928
20	M. J. Breen 白乃文	7.12.1930
21	E. W. Hamilton 咸美頓	18.7.1931
22	M. J. Breen 白乃文	21.4.1932
23	W. J. Carrie 嘉利	3.6.1933
24	M. J. Breen 白乃文	22.2.1934
25	H. R. Butters 畢打	23.3.1936
26	E. I. Wynne-Jones 榮鍾士	12.12.1936
27	R. A. D. Forrest 方樂士	12.1.1940
28	E. I. Wynne-Jones 榮鍾士	10.1.1941

29	E. I. Wynne-Jones 榮鍾士	13.6.1946
30	J. H. B. Lee 李文	23.2.1948
31	L. C. Saville, ED 沙惠予	8.3.1950
32	A. G. Crook, OBE 高旭	1.8.1958
33	C. G. Folwell, ISO 符偉略	22.3.1968
34	M. Addi 魏達賢	19.3.1971
35	D. J. K. Bamford, OBE, JP 潘富達	7.3.1977
36	A. C. Heathcote, OBE, JP 希治國	8.1.1980
37	H. G. Ardley, ISO, JP 柯得利	23.12.1982
38	Gordon K. C. Siu, JP 蕭炯柱	18.3.1988
39	Dominic S. W. Wong, JP 黃星華	18.9.1989
40	M. Pagliari, JP 栢景年	11.5.1992
41	Robert Footman, JP 霍文	20.11.1995
42	P. C. Luk, JP 陸炳泉	24.11.1998
43	Allan Y. W. Chiang, JP 蔣任宏	31.3.2003
44	Tam Wing-Pong 譚榮邦	10.7.2006
45	Clement Cheung Wan-Ching 張雲正	9.2009
46	Jessie Ting Yip Yin-Mei 丁葉燕薇	3.10.2011

2014 年，郵政署署長丁葉燕薇
與天文台台長岑智明出席天氣現象
紀念郵票簽名會。

參考資料

- 中國郵學會與郵票策劃及拓展處合著：《香港郵局與郵戳》(香港：2014年)。
- 香港郵政署：《香港郵政歷史150年(1841-1991) 》 (香港：香港郵政署，1991年)。
- 韋柏上校編、陳達文譯：《香港郵學及郵政歷史暨中國及日本商埠郵政史》(香港：2000年)。
- 楊明、楊德編著：《香港郵票目錄》(香港：2015年)。
- Air Commodore R.N. Gurevitch, *Queen Victoria Postal Adhesives Vol. 1&2* (Hong Kong: Hong Kong Philatelic Society, 2001).
- 潘鑑良主編：《郵票世界》(1-150期)，郵學出版社，1980年-2005年。

鳴 謝

特別鳴謝藏品資料提供　劉善生先生

其他人士

陳惠芬女士	傅學忠先生
何國昆先生	周永昌先生
巫雪兒女士	謝維業先生
何曉儀小姐	馮緯桓先生
何惠珍小姐	鄧子君先生
莊偉豪先生	葉立藝先生
鄭寶鴻先生	蕭諒興先生
楊明先生	刑鴻麟先生
胡洪明先生	陳圖榮先生
胡嘉麟先生	芮偉松先生
鄭奕翀先生	Homan Lam

機構及公司

香港郵政署	香港收藏家協會
香港警察郵學會	布約翰拍賣
中國郵學會	斯賓克中國
香港郵學會	蘇黎世亞洲
尖沙咀郵學會	星島報業集團
香港特區郵學會	頭條日報
楊氏集郵公司	Interasia Auctions Limited
旭力集郵公司	Kelleher & Rogers Limited
	Phila China Limited

（排名不分先後）

93

中華人民共和國成立48周年首日封，由商務印書館聯合香港郵學會、中國郵學會、尖沙咀郵學會及警察郵學會發行。附商務印書館現任總經理葉佩珠署名。

中華人民共和國成立60周年首日封，由國家郵政局、香港郵政署、澳門郵政局聯合發行。

香港特別行政區成立10周年首日封。